AF601546

RUSSIAN ENGLISH SELF STUDY GUIDE PHRASEBOOK AND DICTIONARY

РУССКО АНГЛИЙСКИЙ РАЗГОВОРНИК СЛОВАРЬ И САМОУЧИТЕЛЬ

DR. ISRAEL PALCHAN

Primix Publishing
11620 Wilshire Blvd
Suite 900, West Wilshire Center, Los Angeles, CA, 90025
www.primixpublishing.com
Phone: 1-800-538-5788

Published by Primix Publishing 06/12/2023

ISBN: 978-1-957676-46-3(sc)
ISBN: 978-1-957676-47-0(e)

Library of Congress Control Number: 2023909323

Составление предложений в Разговорнике IP

Вы хотите сказать:

Пожалуйста, дайте мне билет в Нью Йорк.

	Ищем:	*Индекс стр. 239*	*стр*	*одим:*
1	пожалуйста	■ п	25, 180 144, 228	please
2	дайте мне	■ д	15	give me
3	билет	■ б	18, 67, 83, 107	ticket
4	в	■ в	19	to
5	Нью Йорк	■ б	57	New York

Вы говорите:

"Please give me a ticket to New York"

[pli:z giv mi: ə tıkıt tu nju:jɔ:k]

Содержание

Предисловие

«Русско-Английский Разговорник, Самоучитель и Словарь» включает в себя более 3000 обиходных словосочетаний и выражений. Вся книга разделена на четыре основных раздела.

В первом даются группы слов, имеющих общую смысловую базу. Например: лексикон туриста, цифры, местоимения и т.п.

Во втором берется какое-либо вопросительное слово и к нему строятся десятки коротких вопросов и стандартных ответов. Тематическая терминология органически вставлена в его текст. К примеру, вопрос «куда» включает в себя тематику мест и направлений. Вопрос «кто» познакомит читателя с названиями различных профессий, и т.д.

В третьем разделе дается спряжение более 80 употребительных глаголов. Простая форма Simple приведена в развернутой форме для прошедшего, будущего и настоящего времен. Спряжение дополнительных форм Perfect, Contines и Perfect Contines приводится в схематическом виде, когда спряжение вспомогательного глагола **to be*** или **to have*** обозначается звёздочкой и находится читателем в соответствующих разделах книжки.

После собственно форм спряжения глаголов приведены примеры, наглядно демонстрирующие читателю, как выбрать между простой – Simple и одной из сложных – Perfect, Continuous или Perfect Continuous формами.

К большинству глаголов приводится также тематическое дополнение, естественное для его употребления и дающее в Ваше распоряжение немало нужных терминов. Например, глагол «кушать» «to eat» включает гастрономическую терминологию, а «пить» – «to drink» уделяет внимание распространенным напиткам.

Четвертый раздел представляет из себя построенный по русскому алфавиту список наиболее принятых в бытовом обиходе стандартных словосочетаний и выражений. Их здесь около тысячи.

Для обозначения правильного произношения слов выбрана международная фонетическая транскрипция. Ударение отмечено жирным шрифтом.

Ниже приводятся русские звуковые аналоги и объяснения произношения тех звуков, которые не имеют четкого аналога в русском языке. Детальные пояснения фонетического строя можно найти в соответствующих разделах учебников английского языка.

Гласные

одинарные		*дифтонги* Второй звук всегда краткий	
[ɪ:]	**и** долгий		
[ɪ]	**и** краткий	[**a**ɪ]	**а**й
[j]	**й**	[**e**ɪ]	**э**й
[e]	**э** краткий	[**ɔ**ɪ]	**о**й
[æ]	**э** гортанный	[**a**u]	**а**у
[a:]	**а**	[**o**u]	**о**у
[ʌ]	**а** гортанный	[**ə**u]	**э**у
*[ə]	**а** гортанный краткий	*[**ɪ**ə]	**и**э
*[ə:]	**а** гортанный долгий	*[**e**ə]	**э**э
[ɔ]	**о** гортанный краткий	[**u**ə]	**у**э
[ɔ:]	**о** гортанный долгий		
[u]	**у**		
[u:]	**у** долгий		

* **ə** – гортанный звук, средний между **а** и **э**

СОГЛАСНЫЕ

[p]	**п**	[s]	**с**
[b]	**б**	[z]	**з**
[t]	шипящее и отрывистое **т**	[ʃ]	**ш**
[d]	**д**	[ʒ]	**ж**
[k]	**к**	[h]	горловое **х** с выдохом
[g]	**г**	[m]	**м**
[ʧ]	**ч**	[n]	**н**
[dʒ]	**дж**	[ŋ]	**нг**
[f]	**ф**	[l]	**л**
[v]	**в**	[r]	**р**
[θ]	**с** глухое; язык между зубами	[j]	**й**
[ð]	**з** глухое; язык между зубами	[w]	**вв**; произносится сложением и вытягиванием губ в трубочку

В конце книги приведен индексный словарь, позволяющий отыскать по русскому алфавиту соответствующее английское слово.

Английский перевод сделан Жаннет Бар Шалев.

Фонетическая транскрипция и примеры, демонстрирующие употребление различных форм глаголов – С. Еленицкой. Подготовка к печати – В. Мостославская.

Всем им автор выражает глубокую признательность.

Лексикон туриста

СЛОВА ДЛЯ ПЕРВОЙ ВСТРЕЧИ

Здравствуй!	**Hello!**	[hə**lo**u]
До свидания!	**Good bye!**	[gud **ba**ı]
Спокойной ночи!	**Good night!**	[gud **na**ıt]
Пока!	**See you later!**	[sı: ju: **le**ıtə]
Да.	**Yes.**	[jes]
Нет.	**No.**	[**no**u]
Спасибо!	**Thank you!**	[**θæ**ŋkju:]
Большое спасибо!	**Thank you very much!**	[**θæ**ŋkju: **ve**ry mʌʧ]
Пожалуйста (*ответ на благодарность*)	**Welcome!**	[**we**lkəm]
Дайте мне, пожалуйста...	**Please give me...**	[pli:z giv mi:]
билет	**a ticket**	[ə **tı**kıt]
мой паспорт	**my passport**	[**ma**ı **pa**:spɔ:t]
Извините, пожалуйста.	**Sorry. (Excuse me, please).**	[**sɔ**:rı (ıks**kju**:z mı: plı:z]
Можно воспользоваться?..	**Can I use?**	[kæn aı ju:z]
Я не знаю.	**I don't know.**	[aı **do**unt **no**u]
Я не говорю по-английски.	**I don't speak English.**	[aı **do**unt spı:k ıŋglıʃ]
Вы говорите по-русски?	**Do you speak Russian?**	[du: ju: spı:k rʌʃn]
Меня зовут...	**My name is...**	[**ma**ı **ne**ım ız]

ЗДОРОВЬЕ

Мне нужен...	**I need...**	[**a**ɪ **nɪ:d**
доктор; врач	**doctor**	**dɔ**ktə]
больница	**hospital**	[**hɔ**spɪtl]
скорая помощь	**emergency unit**	[ɪ**mə**:ʒənsɪ **ju**:nɪt]
медсестра	**nurse**	[nə:s]
лекарство	**medicine**	[**mə**dsɪn]
У меня...	**I have...**	[aɪ həv]
боль	**pain**	[**pe**ɪn]
рана	**wound**	[wund]
высокая температура	**temperature**	[(**ha**ɪ) **te**mprəʧə]
Я был без сознания.	**I was unconscious.**	[ɪ wɔz ʌn**kɔ**nʃəs]
дорожная катастрофа, несчастный случай	**accident**	[**æ**ksɪdənt]
голова	**head**	[hed]
глаза	**eyes**	[**a**ɪz]
сердце	**heart**	[ha:t]
желудок	**stomach**	[**stʌ**mək]
нога	**leg**	[leg]
рука	**hand**	[hænd]
ухо	**ear**	[**ɪ**ə]
ногти	**nails**	[**ne**ɪlz]
кожа	**skin**	[skɪn]
Он (она) должен (должна)...	**He (She) has...**	[hɪ: (ʃɪ:)]
(по)чуствовать	**to feel**	[tə fɪ:l]
связать	**to contact**	[tə **kɔ**ntəkt]
связаться	**to contact**	[tə **kɔ**:l]
позвать, вызвать	**to call**	[tə **kɔ**:l]
позвонить	**to phone**	[tə **fo**un]

войти	**to enter**	[tə **e**ntətə kʌm]
прийти	**to come**	[tə **kʌ**m]
быть	**to be**	[tə **bɪ**:]

Полиция и закон

полиция, милиция	**police**	[po**lɪ**:s]
отделение полиции (милиции)	**police department**	[po**lɪ**:s dɪ**pa**:tmənt]
офицер	**officer**	[**ɔ**:fɪsə]
адвокат	**advocate**	[**lɔ**:jə]
закон	**law**	[lɔ:]
тюрьма	**prison**	[prɪzn]
арест	**arrest**	[ə**re**st]
без всякой причины	**without any reason**	[wɪ**ða**ut **æ**nɪ rɪ:zn]
по обвинению...	**on accusation**	[ɔn ækju**ze**ɪʃn]
по подозрению в...	**on suspicion of...**	[ɔn səs**pɪ**ʃn əv]
краже(а)	**theft**	[θəft]
убийстве(о)	**murder**	[**mə**:də]
нужно...	**need...**	[ni:d]
требовать	**to demand**	[tə dɪ**ma**:nd]
обратиться	**to apply**	[tə əp**la**ɪ]
связаться	**to get in touch**	[tə **gə**t ɪn tʌʧ]
позвать	**to call**	[tə **kɔ**:l]
подозревать	**to suspect**	[ə səs**pə**kt]
знать	**to know**	[tə **no**u

Торговля

(обменный) курс	**rate**	[**re**ɪt]
магазин	**shop**	[ʃop]

продавец	**salesman**	[**se**ılzmæn]
супер	**Supermarket**	[**sju**:pə**ma**:kıt]
книжный магазин	**book store**	[**bu**kstɔ:]
рынок	**market**	[**ma**:kıt]
пища; продукты	**food**	[fu:d]
одежда	**clothes**	[**klo**uðz]
купальник	**bathing suite**	[**be**ıðıŋ sju:t]
пляжные сандали	**beach sandals**	[bı:ʧ **sæ**ndəlz]
шапка, шляпа	**hat**	[hæt]
шорты	**shorts**	[ʃɔ:ts]
косметика	**cosmetics**	[kɔz**me**tıks]
сувениры	**souvenirs**	[**su**vənıəz]
фильм	**film**	[fılm]
фотография	**photo**	[**fo**utou]
ресторан	**restaurant**	[**re**strɔ:ŋ]
официант	**waiter**	[**we**ıtə]
меню	**menu**	[**me**nju:]
книги	**books**	[buks]
газеты	**newspapers**	[**nju**:speıpəz]
билет...	**ticket...**	[**tı**kıt]
на постановку	**for the show**	[fɔ: ðə **ʃo**u]
в кино	**for the movie**	[fɔ: ðə **mu**:vı]
путешествие	**trip, hike, siteseeing**	[trıp, **ha**ık, **sa**ıtsı:ŋ]
выбрать	**to choose**	[tə **ʧu**:z]
(по)есть	**to eat**	[tə **ı**:t]
(вы)пить	**to drink**	[tə **drı**ŋk]
купить	**to buy**	[tə **ba**ı]
(за)платить	**to pay**	[tə **pe**ı]
проводить время	**to spend time**	[tə **spe**nd taım]
предпочесть	**to prefer**	tə prı**fə**:]

ПРЕДЛОГИ

без	**without**	[wı**ða**ut]
в	**in, at**	[ın, ət]
в (направлении)	**to**	[tu:] [tə]
в случае	**in case**	[ın **ke**ıs]
в этом случае	**in this case**	[ın ðıs **ke**ıs]
в течение (*как долго?*)	**for (for an hour)**	[fɔ:r ən **au**ə]
в (мае 1990 г.)	**in (in May, in 1990)**	[ın **me**ı...]
в (5 часов)	**at (at 5 o'clock)**	[ət **fa**ıv ə**klɔ**k]
в (среду, 2-го марта)	**on (on Wednesday, on the 2-nd of March)**	ɔn [ɔn **we**nzdı, ɔn ðə **se**kənd ɔv **ma**:ʧ]
вверх	**up**	[ʌp]
вместо	**instead of**	[ın**ste**d əv]
вниз	**down**	[**da**un]
внутрь	**into**	[**ın**tu:]
во время...	**during**	[**dju**ərıŋ]
вокруг	**around**	[ə**ra**und]
для	**for**	[fɔ:]
до	**to**	[tu:]
из	**from**	[frɔm]
из-за	**because of**	[bı**kɔ**:z əv]
к	**to**	[tu:]
к (5-ти час.)	**by (by 5 o'clock)**	[**ba**ı faıv ə**klɔ**k]
кроме, помимо	**besides**	[bı**sa**ıdz]
между	**between**	[bıt**wı**:n]
на (чем-либо)	**on**	[on]
на (направление)	**to**	[tu:]
над	**over, above**	[**o**uvə], [ə**bʌ**v]

ниже	**below**	[bɪ**lo**u]
перед	**in front of, before**	[ɪn **frʌ**nt əv], [bɪ**fɔ**:]
по сравнению	**in comparison with**	[ɪn kəm**pæ**rɪsn wɪð]
посредством	**by means of**	[baɪ **mɪ**:nz əv]
под	**under**	[**ʌ**ndə]
позади	**behind**	[bɪ**ha**ɪnd]
после	**after**	[**a**:ftə]
против	**against**	[ə**ge**ɪnst]
около	**near, at, by**	[**nɪ**ə] [æt] [**ba**ɪ]
от... до... (время)	**from ... till**	[frɔm...tɪl]
от, из, у, со	**out of**	[**au**t əv]
ради...	**for the sake of**	[fə ðə**se**ɪk əv]
с (вместе)	**together with**	[tə**ge**ðə wɪð]
с (*чем-то, кем-то*)	**with**	[wɪð]
среди	**among**	[ə**mʌ**ŋ]
через	**across**	[ə**krɔ**s]
через (сквозь)	**through**	[θru:]
через (2 дня)	**in (in two days)**	[ɪn tu: **de**ɪz]
через 2 часа	**in two hours**	[ɪn tu: **au**əz]

ПРЕДЛОГИ падежей

of – из, от - отношения Родительного падежа, принадлежность или часть от целого	**the streets *of* the city**	[ðə strɪ:ts əv ðə **sɪ**tɪ]
один из моих друзей	**one *of* my friends**	[wʌn əv **ma**ɪ **fre**ndz]
to – отношения (Дательный падеж)		

Дай(те) книгу Нику.	**Give the book *to* Nick.**	[gɪv ðə **bu**k tə **nɪ**k]
with, by – Творительный падеж. (*с помощью, посредством*)	**I write with a pen. We go home by bus.**	[aɪ **ra**ɪt wɪð ə**pe**n.] [wɪ: **go**u **ho**um **ba**ɪ bʌs]
about, of – о, об – Предложный падеж	**I want to tell you *about* my new work.**	[aɪ wɔnt tə tel ju: ə**ba**ut **ma**ɪ nju: wə:k]
Он много знает о нашей столице	**He knows lot *about* our capital city.**	[hɪ: **no**uz lɔt ə**ba**ut **au**ə **kæ**pɪtəl]

СОЮЗЫ и СОЮЗНЫЕ СЛОВА

и, а	**and**	[ænd]
но, а, однако, тем не менее	**but**	[bʌt]
или, иначе	**or**	[ɔ:]
если, если бы	**if, if not for the...**	[ɪf, ɪf nɔt fɔ: ðə]
так как, потому что	**because**	[bɪ**kɔ**:z]
что	**that**	[ðæt]
то есть	**that is**	[ðæt ɪz]
вот почему, поэтому	**that is why**	[ðæt ɪz **wa**ɪ]
в случае, если	**in case**	[ɪn **ke**ɪs]
и... и, как...так и	**both...and**	[**bo**uΘ...ænd]
или...или	**either...or**	[**aɪ**ðə...ɔ:]
ни... ни	**neither...nor**	[**na**ɪðə...nɔ:]
который (о человеке)	**who**	[hu:]
который (о предмете)	**that**	[ðæt]
тем более	**the more so**	[ðə **mɔ**: sou]

как	**how**	[**ha**u]
как только	**as soon as**	[əz **su**:n əz]
поскольку, насколько	**as far as**	[əz **fa**: əz]
не только..., но и	**not only... but also**	[nɔt **o**unlı... bʌt **ɔ:l**sou]
тем не менее, всё же	**still**	[stıl]
до тех пор пока (не)	**till, until**	[tıl, ʌn**tı**l]

МЕСТОИМЕНИЯ

ЛИЧНЫЕ

я - мне, меня	I – me	[aı – mı:]
мы - нам, нас	we – us	[wı – ʌs]
ты - тебе, тебя	you – you	[ju:]
вы - вам, вас	you – you	[ju:]
он - ему, его	he – him	[hı: – hım]
она - ей, её	she – her	[ʃı: – hə:]
он, она, оно, ему, ей, его (*для неодушевлённых*)	it – it	[ıt]
они - им, их	they – them	[ðeı – ðem]

ПРИТЯЖАТЕЛЬНЫЕ

Чей? Чья? Чьё?	**whose?**	[hu:z]
мой	**my – mine**	[**ma**ı – **ma**ın]
твой	**your – yours**	[jɔ: – jɔ:z]
его	**his - his**	[hız]
её	**her - hers**	[hə: - hə:z]
его, её (*неодуш.*)	**its - its**	[ıts]
наш	**our - ours**	[**au**ə -**au**əz]

ваш	**your - yours**	[jɔ: - jɔ:z]
их	**their - theirs**	[ðə - ðəz]

ВОЗВРАТНЫЕ

я сам, сама	**myself**	[maɪself]
ты сам, сама	**yourself**	[jɔ:self]
он сам	**himself**	[hɪmself]
она сама	**herself**	[hə:self]
оно само	**itself**	[ɪtself]
мы сами	**ourselves**	[auəselvz]
вы сами	**yourselves**	[jɔ:selvz]
они сами	**themselves**	[ðemselvz]

УКАЗАТЕЛЬНЫЕ

этот, эта, это	**this**	[ðɪs]
тот, та, то	**that**	[ðæt]
эти	**these**	[ðɪ:z]
те	**those**	[ðouz]
такой	**such**	[sʌʧ]

НЕОПРЕДЕЛЁННЫЕ МЕСТОИМЕНИЯ И ПРОИЗВОДНЫЕ ОТ НИХ НАРЕЧИЯ

что-то, что-нибудь	**something, anything**	[sʌmΘɪŋ, enɪΘɪŋ]
ничего	**not...anything, nothing**	[nɔt enɪΘɪŋ, nʌΘɪŋ]
всё	**everything**	[evrɪΘɪŋ]
кто-то, кто-нибудь	**somebody, someone**	[sʌmbədɪ, sʌmwʌn]

никто, никого	**not...anybody, not anyone, nobody, no one, none**	[nɔt **e**nɪbədɪ, nɔt **e**vrɪwʌn], [**no**ubədɪ, **no**uwʌn, nʌn]
все, каждый	**everyone**	[**e**vrɪwʌn]
где-то, где-нибудь, куда-то, куда-нибудь	**somewhere, anywhere**	[**sʌ**mweə, **e**nɪweə]
нигде, никуда	**not anywhere, nowhere**	[nɔt **e**nɪweə, **no**uweə]
везде, всюду	**everywhere**	[**e**vrɪweə]

ВОПРОСИТЕЛЬНЫЕ СЛОВА

Кто?	**Who?**	[hu:]
Кому?	**Whom?**	[hu:m]
Чей?	**Whose?**	[hu:z]
Что?	**What?**	[wɔt]
Который (из)?	**Which (of)?**	[wɪʧ (əv)]
Где? Куда? Откуда?	**Where?**	[**we**əə]
Когда?	**When?**	[wen]
Почему?	**Why?**	[**wa**ɪ]
Зачем?	**What for?**	[wɔt **fɔ**:]
Как?	**How?**	[**ha**u]
Сколько? (*для исчисляемых*)	**How many?**	[**ha**u **me**nɪ]
(*для неисчисляемых*)	**How much?**	[**ha**u **mʌ**ʧ]
Сколько лет?	**How old?**	[**ha**u **ou**ld]
Сколько? (о времени)	**How long?**	[**ha**u **lɔ**ŋ]

ВОСКЛИЦАНИЯ

Прекрасно! Замечательно!	**Splendid!**	[**sple**ndɪd]
Очень хорошо!	**Very good!**	[**ve**rɪ gud]
	Wonderful!	[**wʌ**ndəful]
Здорово!	**Great!**	[**gre**ɪt]
Ну-у-у?!	**Well!?**	[wel]
Разве?	**Is that so?**	[ɪz ðət **so**u]
Неужели?	**Really?**	[**rɪ**əlɪ]
Не может быть!	**I can't believe it!**	[aɪ ka:(æ)nt bɪ**lɪ**:v ɪt]
Жаль!	**It's a pity!**	[ɪts ə**pɪ**tɪ]
Как жаль!	**What a pity!**	[wɔt ə**pɪ**tɪ]
К сожалению!	**Unfortunately!**	[ʌn**fɔ**ʧnətlɪ]
Пожалуйста! (просьба)	**Welcome!, Please!**	[**we**lkəm, plɪ:z]
Будьте добры! Прошу Вас!	**Be so kind!, Please!**	[bɪ: **so**u **ka**ɪnd], [plɪ:z]
Наверняка!	**Sure!**	[**ʃu**ə]
Тихо!	**Hush!**	[hʌʃ]
О Боже!	**Oh! My God!**	[**o**u **ma**ɪ gɔd]
Без сомнения!	**No doubt!**	[**no**u **da**ut]
Давай, ну...	**Come on!, Let's...**	[kʌ**mɔ**n, lets]

ЧИСЛИТЕЛЬНЫЕ NUMERALS

КОЛИЧЕСТВЕННЫЕ

1	**one**	[wʌn]
2	**two**	[tu:]
3	**three**	[θrɪ:]
4	**four**	[fɔ:]
5	**five**	[**fa**ɪv]
6	**six**	[sɪks]
7	**seven**	[sevn]
8	**eight**	[eɪt]
9	**nine**	[**na**ɪn]
10	**ten**	[ten]
11	**eleven**	[ɪ**le**vn]
12	**twelve**	[twelv]
13	**thirteen**	[θə:**tɪ**:n]
14	**fourteen**	[fɔ:**tɪ**:n]
15	**fifteen**	[fɪf**tɪ**:n]
16	**sixteen**	[sɪks**tɪ**:n]
17	**seventeen**	[sevn**tɪ**:n]
18	**eighteen**	[eɪ**tɪ**:n]
19	**nineteen**	[naɪn**tɪ**:n]
20	**twenty**	[**twe**ntɪ]
30	**thirty**	[**θə**:tɪ]
40	**forty**	[**fɔ**:tɪ]
50	**fifty**	[**fɪ**ftɪ]
60	**sixty**	[**sɪ**kstɪ]
70	**seventy**	[**se**vntɪ]
80	**eighty**	[**eɪ**tɪ]

90	**ninety**	[**na**ɪntɪ]
100	**a hundred**	[ə **hʌ**ndrəd]
246	**two hundred & forty six**	[tu: **hʌ**ndrəd ənd **fɔ**:tɪ sɪks]
1000	**a thousand**	[ə **θa**uzənd]
3000	**three thousand**	[θrɪ: **θa**uzənd]
1,000,000	**a million**	[ə **mɪ**ljən]

ПОРЯДКОВЫЕ

1-ый	**the first**	[ðə **fə**:st]
2-ой	**the second**	[ðə **se**kənd]
3-ий	**the third**	[ðə **θə**:d]
4-ый	**the fourth**	[ðə **fɔ**:θ]
5-ый	**the fifth**	[ðə fɪfθ]
6-ой	**the sixth**	[ðə **sɪ**ksθ]
7-ой	**the seventh**	[ðə **se**vnθ]
8-ой	**the eighth**	[ðə **eɪ**tθ]
9-ый	**the ninth**	[ðə **na**ɪnθ]
10-ый	**the tenth**	[ðə **te**nθ]
11-ый	**the eleventh**	[ðə ɪ**le**vnθ]
12-ый	**the twelfth**	[ðə **twe**lfθ]
13-ый	**the thirteenth**	[ðə θə:**tɪ**:nθ]
14-ый	**the fourteenth**	[ðə fɔ:**tɪ**:nθ]
15-ый	**the fifteenth**	[ðə fɪf**tɪ**:nθ]
16-ый	**the sixteenth**	[ðə sɪks**tɪ**:nθ]
17-ый	**the seventeenth**	[ðə sevn**tɪ**:nθ]
18-ый	**the eighteenth**	[ðə eɪ**tɪ**:nθ]
19-ый	**the nineteenth**	[ðə naɪn**tɪ**:nθ]
20-ый	**the twentieth**	[ðə **twe**ntɪ:θ]

ДРОБНЫЕ ЧИСЛА

1/3	**one third**	[wʌn θə:d]
3/4	**three quarters**	[θrı: **kwɔ:**təz]
1/2, половина	**half**	[ha:f]
3 и 2/3	**three & two thirds**	[θrı: ənd tu: **θə**:dz]
1 и 1/4, один с четвертью	**one & a quarter**	[wʌn ənd ə **kwɔ:**tə]
1.5	**one point five**	[wʌn **pɔ**ınt faıv]
0.3	**zero point three**	[**zı**rou **pɔ**ınt θrı:]
0.03	**zero point zero three**	[**zı**rou **pɔ**ınt **zı**rou θrı:]
2.15	**two point fifteen**	[tu: **pɔ**ınt fıf**tı**:n]

ЧТЕНИЕ ДАТ:

годы читаются как количественные числительные

1900	**nineteen hundred**	[naın**tı**:n **hʌ**ndrıd]
1970	**nineteen seventy**	[naın**tı**:n **se**vntı]
1861	**eighteen sixty-one**	[eı**tı**:n **sı**kstı wʌn]
1908	**nineteen-o-eight**	[naın**tı**:n ou eıt]
2.10.91	**2 October, 1991 the second of October, nineteen ninety one**	[ðə **se**kənd əv ək**to**ubə naın**tı**:n **na**ıntı wʌn]

НАРЕЧИЯ

НАРЕЧИЯ МЕСТА и НАПРАВЛЕНИЯ

здесь, сюда	**here**	[**hı**ə]
там, туда	**there**	[ðə]
кругом	**around**	[ə**ra**und]

сверху	**from above**	[frəm ə**bʌ**v]
снизу	**from below**	[frəm bɪ**lo**u]
вверх	**up**	[ʌp]
наверху	**above, on top**	[ə**bʌ**v ɔn **tɔ**p]
вниз	**down**	[**da**un]
внизу	**below**	[bɪ**lo**u]
снизу доверху, сверху донизу	**from top to bottom**	[frəm **tɔ**p tə **bɔ**təm]
далеко, дальше	**far, farther**	[fa:, **fa**:ðə(r)]
издалека	**from far away**	[frɔm fa:rə**we**ɪ]
вперёд	**ahead, forward**	[ə**he**d, **fɔ**:wəd]
назад	**back, backwards**	[bæk, **bæ**kwəds]
2 года назад	**two years ago**	[tu: **jə**z ə**go**u]
ни взад ни вперёд	**neither backwards nor forwards**	[**na**ɪðə **bæ**kwədz nɔ: **fɔ**:wədz]

Выражение наличия или отсутствия предмета (лица, явления)

есть (имеется)	**there is / there are**	[ðə**rɪ**z / ðə**ra**:]
нет (отсутствует)	**there is not / there are not**	[ðə**rɪ**znt / ðə**ra**:nt]

НАРЕЧИЯ ВРЕМЕНИ

тогда, в то время	**so, then, at that time**	[**so**u, ðen, ət ðæt taɪm]
с того времени	**since then**	[sɪns **ðe**n]
уже	**already**	[ɔ:l**re**dɪ]
ещё	**still, yet, more**	[stɪl, jet, mɔ:]
всё ещё	**still**	[stɪl]

сейчас, теперь	**now**	[**na**u]
потом (затем)	**then**	[ðen]
потом (после)	**afterwards**	[**a**:ftəwədz]
потом (позже)	**later on**	[**le**ɪtərɔn]
скоро, вскоре	**soon**	[su:n]
раньше	**first**	[fə:st]
прежде	**before**	[bɪ**fɔ**:(r)]
тотчас, немедленно	**immediately**	[ɪ**mɪ**dɪətlɪ]
срочно	**urgently**	[**ə**:dʒəntlɪ]
наконец-то	**finally**	[**fa**ɪnəlɪ]
между тем, пока	**meanwhile**	[**mɪ**:nwaɪl]
иногда	**sometimes**	[**sʌ**mtaɪmz]
редко	**rarely, seldom**	[**rə**lɪ,**se**ldəm]
часто	**often**	[ɔfn]
всегда	**always**	[**ɔ:**lwəz]
навсегда	**for ever,** **for good** (*разг.*)	[fɔ:**re**və, fɔ:**gu**d]
раз и навсегда	**once and for all**	[**wʌ**ns ənd fɔ:**rɔ**:l]
в конце концов	**in the end, after all**	[ɪn ðə **e**nd, a:ftə**rɔ**:l]
никогда	**never**	[**ne**və]
сначала	**at first**	[ət **fə**:st]
рано	**early**	[**ə**:lɪ]
поздно	**late**	[**le**ɪt]
давно	**long ago**	[lɔŋ ə**go**u]
недавно	**recently**	[**rɪ**sntlɪ]
неожиданно, вдруг	**suddenly**	[**sʌ**dnlɪ]
так	**so, thus, this way**	[**so**u, ðʌs, ðɪs weɪ]
просто так	**just, only**	[dʒʌst, **ou**nlɪ]
настолько	**so**	[**so**u]

иначе, или	**or, otherwise, or else**	[ɔ:, **ʌ**ðəwaiz, ɔ:r**e**ls]
очень	**very**	[verɪ]
вообще, в общем	**generally, in general**	[**dʒe**nərəlɪ, ɪn **dʒe**nərəl]
в целом	**altogether**	[ɔ:ltə**ge**ðə]
напрасно	**in vain**	[ɪn**ve**ɪn]
ведь	**but**	[bʌt]
ясно	**clearly**	[**klɪ**əlɪ]
вместе	**together**	[tu**ge**ðə]
отдельно	**separately**	[**se**pərətlɪ]
бесплатно	**free, for nothing**	[frɪ:, fɔ: **nʌ**θɪŋ]
быстро	**quickly**	[**kwɪ**klɪ]
медленно	**slowly**	[**slo**ulɪ]
спешно	**hastily**	[**he**ɪstɪlɪ]
полностью	**entirely**	[ɪn**ta**ɪəlɪ]
хорошо	**good**	[gud]
плохо	**bad**	[bæd]
якобы	**seemingly**	[**sɪ**:mɪŋlɪ]
много	**many, much, a lot of**	[**mæ**nɪ, mʌʧ, əl**ɔ**t əv]
мало	**a few, a little**	[ə**fju**:, əl**ɪ**tl]
немножко	**few, little**	[fju:, lɪtl]
больше	**more**	[mɔ:]
меньше	**less**	[les]
однажды	**once**	[wʌns]
дважды	**twice**	[**twa**ɪs]
раз, раз уж	**once**	[wʌns]
ничего, ровным счётом ничего	**nothing**	[**nʌ**θɪŋ]

достаточно, довольно	**enough**	[ı**nʌ**f]
снова	**again**	[ə**ge**ın]
поэтому, потому	**therefore, that's why**	[**ðə**fɔ:, ðæts **wa**ı]
как	**like, as**	[**la**ık, æz]
точно	**exactly**	[ı**gzæ**ktlı]
согласно, в соответствии	**according to, in accordance with**	[ə**kɔ**:dıŋ tu:, ın ə**kɔ**dəns wıð]
конечно	**sure, of course**	[**ʃu**ə, əv**kɔ**:s]
верно, правильно	**correct, right**	[kə**re**kt, **ra**ıt]
неправильно	**wrong!**	[rɔŋ]
само собой разумеется	**clear, evident**	[**klı**ə, **e**vıdənt]
может быть	**perhaps, maybe**	[pə:**hæ**ps, **me**ıbı:]
возможно	**it's possible**	[ıts **pɔ**sıbl]
можно	**possible, may**	[**pɔ**sıbl, **me**ı]
Разве? Действительно?	**Really?**	[**rı**əlı]
Не может быть!	**It's impossible!**	[ıts ım**pɔ**sıbl!]

Вопросы

КТО?	WHO?	[HU:]
Кто берёт?	**Who is taking?**	[hu: ız **te**ıkıŋ]
Кто болен?	**Who is sick?**	[hu: ız sık]
Кто видел?	**Who saw ?**	[hu: sɔ:]
Кто возражает?	**Who is opposed?**	[hu: ız ə**po**uzd]
Кто Вы (ты)?	**Who are you?**	[hu: a: ju:]
Кто вышел?	**Who went out?**	[hu: went **a**ut]
Кто говорит?	**Who is talking (speaking)?**	[hu: ız **tɔ**kıŋ (**spı**:kıŋ)]
Кто голоден?	**Who is hungry?**	[hu: ız **hʌ**ŋgrı]
Кто даёт?	**Who is giving?**	[hu: ız **gı**vıŋ]
Кто за?	**Who is in favor ?**	[hu: ız ın **fe**ıvə]
Кто он (она)?	**Who is he (she)?**	[hu: ız hı: (ʃı:)]
Кто предпочитает?	**Who prefers?**	[hu: prı**fə**:z]
Кто пришёл?	**Who came?**	[hu: **ke**ım]
Кто против?	**Who is against?**	[hu: ız ə**ge**ınst]
Кто сказал?	**Who said ?**	[hu: sed]
Кто слышал?	**Who heard?**	[hu: hə:d]
Кто с нами?	**Who's with us ?**	[hu: ız wıð ʌs]
Кто согласен?	**Who agrees?**	[hu: ə**grı**:z]
Кто с тобой?	**Who's with you ?**	[hu: ız wıð ju:]
Кто там (здесь)?	**Who's there (here)?**	[hu:z **ðə** (**hı**ə)]
Кто тебя ждёт?	**Who is waiting for you?**	[hu: ız **we**ıtıŋ fɔ: ju:]
Кто ушёл?	**Who left (went)?**	[hu: left, went]
Кто хочет?	**Who wants?**	[hu: wɔnts]
Кто хочет пить?	**Who wants to drink?**	[hu: wɔnts tə **drı**ŋk]
Кто устал?	**Who is tired?**	[hu: ız **ta**ıəd]

Кто это?	**Who's this?**	[hu:z ðɪs]
Любой, кто... Тот, кто...	**WHOEVER...**	[hu(:)evə]
видит	**sees**	[sɪ:z]
даёт	**gives**	[gɪvz]
думает	**thinks**	[Θɪŋks]
заказывает	**books, orders**	[buks, **ɔ:**dəz]
знает	**knows**	[**no**uz]
кончает	**finishes**	[**fi**nɪʃɪz]
начинает	**begins, starts**	[bɪ**gɪ**nz, sta:ts]
платит	**pays**	[**pə**ɪz]
получает	**gets, receives**	[gəts, rɪ**sɪ**:vz]
сидит	**sits**	[sɪts]
слышит	**hears**	[**hɪ**əz]
стоит	**stands**	[standz]
требует	**demands**	[dɪ**ma**:ndz]
хочет	**wants**	[wɔnts]
Кто это?	**Who's this?**	[hu:z ðɪs]
Это...	**This is...**	[ðɪs ɪz]
бухгалтер	**an accountant**	[ən ə**ka**untənt]
водитель	**a driver**	[ə **dɔ**ktə]
врач	**a doctor**	[ə**dra**ɪvə]
медсестра	**a nurse**	[ə **nə**:s]
начальник	**manager**	[**mæ**nədʒə]
офицер	**an army officer**	[ən a:m: **ɔ**fisə]
официант (ка)	**a waiter (waitress)**	[ə **wə**ɪtə, **wə**ɪtrɪs]
полицейский	**a policeman**	[ə pə**lɪ**smən]
почтальон	**a mailman**	[ə **mə**ɪlmæn]
продавец (продавщица)	**a salesman (a woman), shop assistant**	[ə**sə**ɪlzmæn (ə**wu**mən), **ʃɔ**pə**sɪ**stənt]

солдат	**a soldier**	[ə **so**uldʒə]
сосед	**a neighbor**	[ə **nə**ıbə]
учитель	**a teacher**	[ə **tı**:ʧə]
чиновник, служащий	**a clerk**	[ə **kla**:k]
экскурсовод	**a guide**	[ə **ga**ıd]

ЧТО?	**WHAT?**	**[wɔт]**

Продукты, предметы обихода, части тела, профессии

Что это?	**What's this?**	[wɔts ðıs]
Что это здесь (там)?	**What's this here (there)?**	[wɔts ðıs **hı**ə (**ðə**)]
Что с тобой (с Вами)?	**What's with you?**	[wɔts wıð ju:]
Что с тобой происходит?	**What's happening with you?**	[wɔts **hæ**pnıŋ wıð ju:]
Что ты хочешь?	**What do you want?**	[wɔt du ju: wɔnt]
Что здесь происходит?	**What's happening here?**	[wɔts **hæ**pnıŋ **hı**ə]
Что тут написано?	**What's written here?**	[wɔts rıtn **hı**ə]
Что ты пишешь?	**What are you writing?**	[wɔt a: ju: **ra**ıtıŋ]
Что ты читаешь?	**What are you reading?**	[wɔt a: ju: **rı**:dıŋ]
Что случилось?	**What's happened? What's the matter?**	[wɔts hæpnd, wɔts ðə **mæ**tə]
Что ты видишь?	**What do you see?**	[wɔt du: ju: sı:]
Что ты чувствуешь?	**What do you feel?**	[wɔt du: ju: fı:l]
Что там будет?	**What will there be?**	[wɔt wıl **ðə** bı:]

Что ты взял?	**What did you take?**	[wɔt dɪd ju: **te**ɪk]
Что такое?	**What's there?**	[wɔts **ðə**]
Что тебе нужно для...?	**What do you need for...?**	[wɔt du: ju: nɪ:d fɔ:]
Что ты намереваешься делать?	**What do you intend to do?**	[wɔt du: ju: ɪn**te**nd tə **du**:]
Что у тебя (у Вас) болит?	**What's your trouble?**	[wɔts jɔ: trʌbl]
Что он сказал?	**What did he say?**	[wɔt dɪd hɪ: seɪ]
Это не твоё дело.	**That is none of your business.**	[ðæt ɪz nʌn əv jɔ: **bɪ**znɪs]
Это моё личное дело.	**It's my own business.**	[ɪts **ma**ɪ **o**un **bɪ**znɪs]
То, что нужно для...	**That which is necessary for...**	[ðæt wɪʧ ɪz **ne**səsərɪ fɔ:)
Это...	**This is...**	[ðɪs ɪz]
стол	**a table**	[ə **tə**ɪbl]
стул	**a chair**	[ə **ʧə**]
тарелка	**a plate**	[ə **plə**ɪt]
ложка	**a tablespoon**	[ə **tə**ɪblspu:n]
ложечка	**a teaspoon**	[ə **tɪ**:spu:n]
нож	**a knife**	[ə **na**ɪf]
вилка	**a fork**	[ə **fɔ**:k]
чашка	**a cup**	[ə **kʌ**p]
стакан	**a glass**	[ə **gla**:(æ)s]
газовая плита	**stove**	[**sto**uv]
холодильник	**refrigerator (fridge)**	[rɪ**frɪ**dʒərəɪtə (frɪdʒ)]
апельсины	**oranges**	[**ɔ**rɪndʒɪz]
вода	**water**	[**wɔ**tə]

капуста	**cabbage**	[**kæ**bıdʒ]
картофель	**potato**	[pə**tə**ıtou]
лук	**onion**	[**ʌ**njən]
масло	**oil**	[**ɔ**ıl]
молоко	**milk**	[mılk]
морковь	**carrots**	[**kæ**rəts]
мясо	**meat**	[mı:t]
огурцы	**cucumbers**	[**kju**kəmbəz]
печенье	**cookies**	[**ku**:kız]
помидоры	**tomatoes**	[tə**ma**:touz]
рыба	**fish**	[fıʃ]
сахар	**sugar**	[**ʃu**gə]
сливочное масло	**butter**	[**bʌ**tə]
сливы	**plums**	[plʌmz]
сок	**juice**	[dʒu:s]
соль	**salt**	[sɔ:lt]
сыр	**cheese**	[ʧı:z]
творог	**cottage cheese,** **soft cheese**	[**kɔ**tıdʒ ʧı:z, sɔft ʧı:z]
хлеб	**bread**	[brəd]
яблоки	**apples**	[æplz]
Что здесь?	**What is here?**	[wɔt ız **hı**ə]
Здесь находится ...	**Here is...**	[**hı**ərız]
Я в полном порядке.	**I'm perfectly well.**	[**a**ım **pə**:fəktlı wel]
Я чувствую себя неважно.	**I don't feel well.**	[**a**ı **do**unt fı:l wel]
Я голоден (голодна).	**I'm hungry.**	[**a**ım **hʌ**ŋgrı]
Я хочу пить.	**I'm thirsty.** **I want to drink.**	[**a**ım **θə**:stı. **a**ı wɔnt tə **drı**ŋk]
У меня болит...	**My ... hurts.**	[**ma**ı...hə:ts]
глаз(а)	**eye(s)**	[**a**ı(z)]

голова	**head**	[həd]
горло	**throat**	[**Θro**ut]
живот	**stomach**	[**stʌ**mək]
зуб(ы)	**tooth (teeth)**	[tu:Θ, tı:Θ]
кожа	**skin**	[skın]
колено	**knee**	[nı:]
ладонь	**palm**	[pa:m]
нога	**leg**	[ləg]
нос	**nose**	[**no**uz]
печень	**liver**	[**lı**və]
рот	**mouth**	[**ma**uΘ]
рука	**hand**	[hænd]
сердце	**heart**	[ha:t]
спина	**back**	[bæk]
ступня	**foot**	[fu:t]
ухо	**ear**	[**ı**ə]
язык	**tongue**	[tʌŋ]
Здесь болит.	**It hurts me here.**	[ıt hə:ts mı: **hı**ə]
Здесь ничего нет.	**There is nothing here.**	[**ðə**rız **nʌ**Θıŋ **hı**ə]
Здесь есть много вещей.	**There are many things here.**	[**ðə**ra: **me**nı Θıŋz **hı**ə]
Здесь есть...	**There is ... here.**	[ðər**ız** ... **hı**ə]
карандаш	**a pencil**	[ə pənsl]
ковёр (коврик)	**a carpet (rug)**	[ə **ka**:pıt (rʌg)]
кресло	**an armchair**	[ən **a**:mʧə]
кровать	**a bed**	[ə bəd]
лампа	**a lamp**	[ə læmp]
радиоприемник	**a radio**	[ə **rə**ıdıou]
ручка	**a pen**	[ə pən]

тетрадь	**an exercise-book**	[ən **ə**ksısaız buk]
шкаф, кладовка	**a closet**	[ə **klɔ**zıt]
Мне здесь ничего не нужно.	**I don't need anything. (I need nothing).**	[aı **do**unt nı:d **e**nıΘıŋ][(aı nı:d **nʌ**Θıŋ)]
Здесь ничего не происходит.	**Nothing is happenning here.**	[**nʌ**Θıŋ ız **ha**pnıŋ **hı**ə]
Всё спокойно.	**All is quiet.**	[ɔ:l ız **kwa**ıet]
Здесь написано, что я...	**It is written here that I'm...**	[ıt ız rıtn hıə ðat **a**ım...]
водитель	**a driver**	[ə **dra**ıvə]
врач	**a doctor**	[ə **dɔ**ktə]
инженер	**an engineer**	[ən **ə**ndʒı**nı**ə]
медсестра	**a nurse**	[ə nə:s]
рабочий	**a worker**	[ə **wə**:kə]
строитель	**a builder**	[ə **bı**ldə]
учёный	**a scientist**	[ə **sa**ıəntıst]
учитель	**a teacher**	[ə **tı**:ʧə]
студент	**a student**	[ə **stju:**dənt]
электрик	**an electrician**	[ən ı**lə**ktrıkən]
Чем ты занят?	**What are you doing?**	[wɔt ə ju: **du**ıŋ]
Я пишу...	**I'm writing...**	[**a**ım **ra**ıtıŋ]
трудовую биографию	**curriculum vitae**	[kə**rı**kjuləm **vı**:taı]
объяснение	**an explanation**	[ən **ə**kspl**ə**nəıʃn]
письмо	**a letter**	[ə **lə**tə]
статью в газету	**a newspaper article**	[ə **nju:**spəıpə **a**:tıkl]
Я читаю...	**I'm reading...**	[**a**ım **rı:**dıŋ]
газету	**a newspaper**	[ə **nju:**spəıpə]
книгу	**a book**	[ə **bu**k]

письмо	**a letter**	[ə **lə**tə]
статью	**an article**	[ən **a**:tıkl]
учебник	**a textbook (schoolbook)**	[ə **tə**kstbuk, **sku:**lbuk]
объявление	**an ad (advertisment)**	[ən **æ**d (əd**və**:tısmənt)]

ГДЕ?	**WHERE?**	**[weə]**

Указание места, направления

Где это?	**Where is it?**	[**we**ərız ıt]
Где находится...?	**Where is it located...?**	[**we**ərız ıt lɔ**ke**ıtıd]
Где будет...?	**Where will it be...?**	[**we**ə wıl ıt bı:]
Где происходит...?	**Where is it happenning...?**	[**we**ərız ıt **hæ**pnıŋ]
Где ты (Вы)?	**Where are you?**	[**we**ərî: ju:]
Где они?	**Where are they?**	[**we**ərî: **ðe**ı]
Где он (находится)?	**Where is he?**	[**we**ərız hı:]
Где ты положил это?	**Where did you put it?**	[**we**ə dıd ju: put ıt]
Где ты встретил её (его)?	**Where did you meet her (him)?**	[**we**ə dıd ju: mı:t hə: (hım)]
Где ты это видел?	**Where did you see it?**	[**we**ə dıd ju: sı: ıt]
Где ты хочешь жить?	**Where do you want to live?**	[**we**ə du: ju: wɔnt tə lıv]
ГДЕ ...	**Where is ...**	[**we**ərız]
папа?	**father?**	[**fa**:ðə]
мама?	**mother?**	[**mʌ**ðə]
моя сестра?	**my sister?**	[**ma**ı **sı**stə]
мой брат?	**my brother?**	[**ma**ı **brʌ**ðə]

мои дети?	**my children?**	[**maı ʧı**ldrən]
ГДЕ тут...	**Where is there a(an)**	[**we**ərız ðər ə(ən)]
автобус?	**bus**	[bʌs]
банк?	**bank**	[bæŋk]
детский сад?	**kindergarten**	[**kı**ndəga:tn]
закусочная?	**snack bar**	[**snæ**k ba:]
зубной врач?	**dentist**	[**də**ntıst]
кафе?	**coffeehouse**	[**kɔ**fıhaus]
магазин?	**store**	[stɔ:]
поликлиника?	**medical center**	[**me**dıkəl **sə**ntər]
полиция?	**police**	[pə**lı**:s]
продовольственный магазин?	**grocery**	[**gro**usərı]
рынок?	**market**	[**ma**:kıt]
справочная?	**information**	[ınfə**mə**ıʃn]
туалет?	**toilet**	[**tɔ**ılıt]
универмагм	**supermarket**	[**sju:**pə**ma:**kıt]
школа?	**school**	[sku:l]
ясли?	**nursery...**	[**nə**:sərı]
там (здесь)	**there (here)**	[**ðə** (**hı**ə)]
где-нибудь там	**somewhere there**	[**sʌ**mweə ðə]
в этом направлении	**in this direction**	[ın ðıs dı**rə**kʃn]
прямо	**straight**	[**strə**ıt]
направо	**to the right**	[tə ðə **ra**ıt]
налево	**to the left**	[tə ðə **lə**ft]
сзади	**behind**	[bı**ha**ınd]
вокруг	**around**	[ə**ra**und]
Это находится...	**It is located...**	[ıt ız lə**ke**ıtıd]
в комнате	**in the room**	[ın ðə **ru**:m]
в портфеле (в чемодане)	**in the bag (suitcase)**	[ın ðə **bæ**g (**sju**tkəıs)]

в том направлении	**in that direction**	[ın ðæt dı**rə**kʃn]
в углу	**in the corner**	[ın ðə **kɔ:**nə]
в центре города	**in the center of the town**	[ın ðə **sə**ntər əv ðə **ta**un]
в шкафу, в кладовке	**in the closet**	[ın ðə **klɔ**zıt]
за углом	**around the corner**	[ə**ra**und ðə **kɔ**:nə]
на улице	**in the street**	[ın ðə **strı:**t]
Он (Она)	**He (She) is**	[hı: (ʃı:) ız]
на работе	**at work**	[ət **wə**:k]
на уроках	**in class**	[ın kla:s]
на кухне	**in the kitchen**	[ın ðə **kı**ʧn]
в туалете	**in the toilet**	[ın ðə **tɔ**ılıt]
в поликлинике	**in the clinic**	[ın ðə **klı**nık]
в магазине	**at the store**	[ət ðə **stɔ:**]
в конторе	**in the office**	[ın ðə **ɔ**fıs]
Я положил это...	**I put it...**	[aı put ıt]
в портфель	**into my bag**	[**ın**tə **ma**ı bæg]
в угол	**in the corner**	[ın ðə **kɔ**:nə]
в шкаф	**in the closet**	[ın ðə **klɔ**zıt]
на стол	**on the table (chair)**	[ɔn ðə **tə**ıbl, (ʧə)]
на телевизор	**on the television**	[ɔn ðə **tə**lı**vı**dʒn]
Я видел это...	**I saw it...**	[aı sɔ: ıt]
наверху	**up there**	[ʌp **ðə**]
внизу	**down there**	[**da**un **ðə**]
далеко	**far away**	[fa:ə**wə**ı]
близко	**close by, nearby**	[**klo**us baı **nı**əbaı]
последний раз	**last time**	[la:st **ta**ım]
вчера	**yesterday**	[**jə**stədı]
в газете	**in the newspaper**	[ın ðə **nju:**spəıpə]
по телевизору	**on TV**	[ɔn tı: **vı**:]

Я хочу жить...	**I want to live...**	[aɪ wɔnt tə lɪv]
вместе с моей семьёй	**together with my family**	[təgəðə wɪð maɪ fæmɪlɪ]
близко к родственникам	**not far from my relatives**	[nɔt fa: frəm maɪ rələtɪvz]
в центре города	**in the center of the city**	[ɪn ðə səntə əv ðə sɪtɪ]
на этой улице	**on this street**	[ɔn ðɪs strɪ:t]
в двух остановках отсюда	**two bus stops from here**	[tu: bʌs stɔps frəm hɪə]
в том (этом) доме	**in that(this) building (house)**	[ɪn ðæt (ðɪs) bɪldɪŋ (haus)]
Я не знаю.	**I don't know.**	[aɪ dount nou]
Спросите кого-нибудь другого.	**Ask somebody else.**	[a:(æ)sk sʌmbədɪ els]

КУДА?	**WHERE?**	**[weə]**
Куда ты идёшь?	**Where are you going?**	[weəə a: (r)ju: gouɪŋ]
Куда ты собираешься пойти?	**Where do you plan to go?**	[weə du ju: plæn tə gou]
Куда ты смотришь?	**What are you looking at?**	[weə a: (r)ju: lukɪŋ æt]]
Что ты имеешь в виду?	**What do you mean?**	[wɔt du ju: mɪ:n]
Куда тебе (Вам) надо?	**Where do you have to go?**	[weə du ju: hæv tə gou]
Куда идёт этот автобус?	**Where is this bus going?**	[weərɪz ðɪs bʌs gouɪŋ]
Куда он пропал?	**Where did he disappear to?**	[weə dɪd hɪ: dɪsəpɪə tu:]

Куда он пошёл?	**Where did he go?**	[**we**ə dɪd hɪ: gou]
в банк	**to the bank**	[tə ðə **bæ**ŋk]
в больницу	**to the hospital**	[tə ðə **hɔ**spɪtəl]
в город	**to the town**	[tə ðə **ta**un]
в закусочную, ресторан	**to a snack-bar; restaurant**	[tə ə **snæ**kba:, **rə**st(ə)rɔ:ŋ]
в кино	**to a movie, to the movies**	[tə ə **mu**:vɪ:, tə ðə **mu**:vɪz]
в контору	**to the office**	[tə ðə **ɔ**fɪs]
вниз	**down**	[**da**un]
вокруг чего-либо	**around something**	[ə**ra**und **sʌ**mΘɪŋ]
в поликлинику	**to the clinic**	[tə ðə **klɪ**nɪk]
в путешествие	**on a trip**	[ɔn ə**trɪ**p]
в туалет	**to the toilet**	[tə ðə **tɔ**ɪlɪt]
в центр	**to the enter**	[tə ðə **sə**ntə]
в школу	**to school**	[tə sku:l]
заграницу	**abroad**	[ə**brɔ**d]
к...	**to...**	[tu:]
к автобусу (такси)	**to the bus,(taxi)**	[tə ðə **bʌ**s, (**tæ**ksɪ)]
к врачу	**to the doctor**	[tə ðə **də**ktə]
к зубному врачу	**to the dentist**	[tə ðə **də**ntɪst]
к родным	**to relatives**	[tə **rə**lətɪvz]
наверх	**up**	[ʌp]
налево	**to the left**	[tə ðə **lə**ft]
направо	**to the right**	[tə ðə **ra**ɪt]
на море	**to the beach**	[tə ðə **bɪ**:tʃ]
на почту	**to the post office**	[tə ðə **po**ust ɔfɪs]
на работу	**to work**	[tə **wə**:k]
прямо	**straight**	[**strə**ɪt]
туда	**there**	[ðə]

КОГДА?	**WHEN?**	**[WEN]**
Время	*Time*	[**ta**ɪm]
Когда это произошло?	**When did it happen?**	[wen dɪd ɪt hæpn]
Когда это будет?	**When will it be?**	[wen wɪl ɪt bɪ:]
Когда ты вернёшься?	**When will you be back?**	[wen wɪl ju: bɪ: bæk]
Когда будет...?	**When will there be...?**	[wen wɪl **ðe**ə(r) bɪ:]
встреча	**a meeting**	[ə**mɪ**:tɪŋ]
завтрак	**breakfast**	[**brə**kfəst]
зарплата	**a salary**	[**sæ**lərɪ]
игра	**a game**	[ə**gə**ɪm]
концерт	**a concert**	[ə**kɔ**nsət]
обед	**lunch**	[lʌnʧ]
перерыв	**a break**	[ə**brə**ɪk]
поездка	**a trip**	[ə**trɪ**p]
телепередача	**a TV broadcast**	[tɪ:vɪ: **brɔ:**dka:st]
ужин	**dinner**	[**dɪ**nə]
урок	**a lesson**	[ə**lə**sn]
экскурсия	**a trip**	[ə**trɪp**]
Когда ты возвращаешься?	**When are you coming (back)?**	[wen a: ju: **kʌ**mɪŋ bæk]
Когда Вы придёте?	**When are you coming?**	[wen a: ju: **kʌ**mɪŋ]
Когда ты пойдешь...?	**When will you go to...?**	[wen wɪl ju: **go**u tu:]
в контору	**the office**	[ðə **ɔ**fɪs]
в магазин	**the store**	[ðə stɔ:]
в школу	**the school**	[tə sku:l]
к врачу	**the doctor**	[ðə **dɔ**ktə]

на море	**the sea**	[ðə **sɪ**:]
на урок	**the lesson**	[ðə **lə**sn]
Когда ты это получишь?	**When will you get it?**	[wen wɪl ju: get ɪt]
Когда ты хочешь это сделать?	**When do you want to do it?**	[wen du: ju: wɔnt tə **du**: ɪt]
Когда у тебя есть время?	**When do you have time?**	[wen du: ju: hæv **ta**ɪm]
Когда это кончится?	**When is it over?**	[wen ɪz ɪt **o**uvə]
Когда кончится урок?	**When is the lesson over?**	[wen ɪz ðə lesn **o**uvə]
на следующей неделе	**next week**	[nekst wɪ:k]
в субботу вечером	**on Saturday evening**	[ɔn **sæ**tədɪ **ɪ**:**v**nɪŋ]
Когда ..?	**When ... ?**	[wen]
мы можем встретиться	**can we meet?**	[kæn wɪ: mɪ:t]
он открывает	**does he open?**	[dʌz hɪ **o**upn]
открывается магазин	**does the store open?**	[dʌz ðə stɔ: **o**upn]
открывают	**do they open**	[du ðeɪ **o**upn]
ты свободен	**are you free**	[a: ju: frɪ:]
я смогу к тебе прийти	**can I come to you**	[kæn aɪ kʌm tə **ju**:]
Когда же всё-таки?	**When can we?**	[wen kæn wɪ:]
сегодня	**today**	[tə**de**ɪ]
завтра	**tomorrow**	[tə**mɔ**rou]
послезавтра	**the day after tomorrow**	[ðə deɪ **a**:ftə tə**mɔ**rou]
вчера	**yesterday**	[**je**stədɪ]
вчера вечером	**last night**	[la:st **na**ɪt]

позавчера	**the day before yesterday**	[ðə **de**ı bıf**ɔ**: **je**stədı]
утром	**in the morning**	[ın ðə **mɔ**:nıŋ]
вечером	**tonight**	[tə**na**ıt]
сегодня вечером, днём	**during the day**	[**dju**ərıŋ ðə **de**ı]
ночью	**at night**	[ət **na**ıt]
рано	**early**	[**ə**:lı]
поздно	**late**	[**lə**ıt]
в 6 час. (7,8,9)	**at six. seven, eight, nine o'clock**	[ət sıks, səvn, əıt, **na**ın ək**lɔ**k]
в 6.30	**at six thirty**	[ət sıks **Θə**:tı]
в 6.15	**at a quarter past six**	[ət ə **kwɔ**tə pa:st sıks]
в 5.45	**at a quarter to six**	[ət ə **kwɔ**tə tu: sıks]
в 6.10	**at six ten**	[ət **sı**ks tən]
в 6.20	**at six twenty**	[ət **sı**ks **twə**ntı]
в 6.40	**at twenty to seven**	[ət **twə**ntı tə səvn]
в 6.50	**at ten to seven**	[ət **tə**n tə **sə**vn]
(точно) вовремя	**exactly on time**	[ıg**zæ**ktlı ɔn **ta**ım]
тогда, когда	**when**	[wən]
перед	**before**	[bı**fɔ**:]
после	**after**	[**a**:ftə]
через...	**in...**	[ın]
день	**a day**	[ə **de**ı]
3 (4,5...) дней	**in three (four, five...) days**	[ın tu:, (Θrı:, fɔ:, **fa**ıv...) **de**ız]
неделю	**a week**	[ə**wı**:k]
2 (3,4...) недели	**two (three, four) weeks**	[tu:, (Θrı:, fɔ:) wı:ks]

через...	**in...**	[ın]
месяц	**a month**	[ə **mʌ**nθ]
2 (3, 5...) месяцев	**two (three, five...) months**	[tu: (θrı:, **fa**ıv:) mʌnθs]
год	**a year**	[ə **je**ə]
2 (5, 7...) лет	**two (five, seven...) years**	[tu: (**fa**ıv, sevn) **je**əz]
в...	**on...**	[ɔn]
воскресенье	**Sunday**	[**sʌ**ndı]
понедельник	**Monday**	[**mʌ**ndı]
вторник	**Tuesday**	[**tju:**zdı]
среду	**Wensday**	[**wə**nzdı]
четверг	**Thursday**	[**θə**:zdı]
пятницу	**Friday**	[**fra**ıdı]
субботу	**Saturday**	[**sæ**tədı]
потом	**afterwards**	[**a**:ftəwɔ:dz]
после (позднее)	**later**	[**le**ıtə]
через некоторое время	**in a while**	[ın ə **wa**ıl]
когда-то	**once**	[wʌns]
в другой раз	**another time**	[ə**nʌ**ðə **ta**ım]
до обеда	**before lunch**	[bı**fɔ**: lʌnʧ]
до вечера	**till the evening**	[tıl ðə **ı**:vnıŋ]
до того, как	**before**	[bı**fɔ**:]
до того, как он придёт	**before he comes**	[bı**fɔ**: hı: kʌmz]
никогда	**never**	[**ne**və]
Я никогда не был...	**I was never..., I've never been...**	[**a**ı wɔz **ne**və...], [**a**ıv **ne**və bı:n]

СКОЛЬКО?	HOW MUCH...?	[hau mʌʧ]
Сколько...	**How much...**	[**ha**u mʌʧ]
весит?	**does it weight?**	[dʌz ɪt **wə**ɪ]
всего?	**is it altogether?**	[ɪz ɪt ɔ:ltə**gə**ðə]
дают?	**do they give?**	[du: **ðə**ɪ gɪv]
тебе надо?	**do you need?**	[du: ju: nɪ:d]
ты взял?	**did you take?**	[dɪd ju: **tə**ɪk]
ты получил?	**did you reseive?**	[dɪd ju: rɪ**sɪ**:v]
ты хочешь?	**do you want?**	[du: ju: wɔnt]
это будет?	**will it be?**	[wɪl ɪt bɪ:]
это стоит?	**is it?**	[ɪz ɪt]
Сколько...	**How many..**	[hau menɪ]
букв?	**letters?**	[**lə**təz]
книг?	**books?**	[buks]
компонентов?	**elements?**	[**ə**lɪmənts]
людей?	**people?**	[pɪ:pl]
раз?	**times?**	[**ta**ɪmz]
можно говорить одно и тоже?	**do I have to say the same thing?**	[du: aɪ hæv tə **sə**ɪ ðə səɪm Θɪŋ]
разделов?	**sections, units?**	[**sə**kʃnz, **ju**:nɪts]
слов?	**words?**	[wə:dz]
туристов (в группе)?	**tourists in the group?**	[**tu**ərɪst ɪn ðə gru:p]
участников?	**participants?**	[pa:**tɪ**sɪpəntz]
частей?	**parts?**	[pa:ts]
Сколько...	**How much (many)...**	[**ha**u mʌʧ (**me**nɪ)]
много	**a lot, a large number of**	[ə **lɔ**t, ə **la**:dʒ **nʌ**mbə(r)əv]
мало, немного	**a little**	[ə **lɪ**tl]
чуть-чуть, слегка	**little, a bit**	[**lɪ**tl, ə**bɪ**t]

достаточно	**enough**	[ı**nʌ**f]
больше	**more**	[mɔ:]
меньше	**less**	[ləs]
меньше, чем	**less than**	[ləs ðæn]
больше, чем	**more than**	[mɔ: ðæn]
ещё	**more**	[mɔ:]
некоторое количество	**a certain amount**	[ə **sə**:tn ə**ma**unt]
определённое число	**a certain number**	[ə **sə**:tn **nʌ**mbə]
слишком много	**too much (many)**	[tu: mʌʧ, **mə**nı]
слишком мало	**too little**	[tu: lıtl]
это дорого	**it's expensive**	[ıts ıks**pə**nsıv]
это дёшево	**it's cheap (inexpensive)**	[ıts ʧı:p (ınıks**pə**nsıv)]
несколько	**some, several**	[**sʌ**m, **sə**vərəl]
несколько удачных лет	**a good few years**	[ə **gu**d fju: **jə**əz]
несклько раз	**several times**	[**sə**vərəl **ta**ımz]
раз за разом	**time after time**	[**ta**ım **a**:ftə taım]
Сколько тебе лет?	**How old is you?**	[**ha**u **o**uld a: ju:]
Сколько ему (ей) лет?	**How old is he (she)?**	[**ha**u **o**uld ız hı:, (ʃı:)]
Мне 11	**I am eleven.**	[**a**ı æm ı**le**vn]
Тебе (Вам) 12	**You are twelve.**	[ju: a: twelv]
Ему(ей)...	**He (she) is...**	[hı: (ʃı:) ız]
13	**thirteen**	[θə:**tı**:n]
14	**fourteen**	[fɔ:**tı**:n]
15	**fifteen**	[fıf**tı**:n]
16	**sixteen**	[sıks**tı**:n]

17	**seventeen**	[səvntɪ:n]
18	**eighteen**	[əɪtɪ:n]
19	**nineteen**	[naɪntɪ:n]
20	**twenty**	[twəntɪ]
21	**twenty one**	[twəntɪ wʌn]
22	**twenty two**	[twəntɪ tu:]
23	**twenty three**	[twəntɪ θrɪ:]
30	**thirty**	[θə:tɪ]
40	**forty**	[fɔ:tɪ]
50	**fifty**	[fɪftɪ]
60	**sixty**	[sɪkstɪ]
70	**seventy**	[səvntɪ]
80	**eighty**	[əɪtɪ]
90	**ninety**	[naɪntɪ]
100	**hundred**	[hʌndrəd]

КАКОЙ? КАКАЯ?	**WHAT?**	**[wɔт]**
Какого цвета?	**What color?**	[wɔt kʌlə]
Какой он человек (работник)?	**What kind of man is he?**	[wɔt kaɪnd əv mæn ɪz hɪ:]
Какой вид (тип, сорт)?	**What kind (sort)?**	[wɔt kaɪnd, sɔ:t]
Который час?	**What time is it?**	[wɔt taɪm ɪz ɪt]
Какой он из себя? (Как выглядит?)	**What does he look like?**	[wɔt dʌz hɪ: luk laɪk]
Какой... ?	**What...?**	[wɔt]
длины	**length**	[leŋθ]
ширины	**width**	[wɪdθ]
высоты	**height**	[haɪt]
глубины	**depth**	[dəpθ]
вес	**weight**	[wəɪt]

процент	**percent**	[pə:**sə**nt]
вкус	**flavor**	[**flə**ıvə]
Какого он вкуса?	**What taste does it have?**	[wɔt **te**ıst dʌz ıt hæv]
Какое тебе дело?	**What do you care?**	[wɔt du ju: **kə**]
Как дела?	**How are things?**	[**ha**u a: θıŋz]
какой-то, какая-то	**some kind of**	[sʌm **ka**ınd əv]
такой, такая	**like this**	[**la**ık ðıs]
такой, что...	**the type that...**	[ðə **ta**ıp ðæt]
...не захочешь	**... you wouldn't ; ...you won't like**	[ju: wudnt]; [ju: wɔnt, laık]
если	**if**	[ıf]
когда	**when**	[wen]

ПРИЛАГАТЕЛЬНЫЕ

белый	**white**	[**wa**ıt]
зелёный	**green**	[grı:n]
жёлтый	**yellow**	[**jə**lou]
красный	**red**	[rəd]
коричневый	**brown**	[**bra**un]
серый	**gray**	[**grə**ı]
синий	**blue**	[blu:]
чёрный	**black**	[blæk]
вкусный	**tasty**	[**tə**ıstı]
жирный	**fat**	[fæt]
испорченный	**spoiled**	[**spɔ**ıld]
кислый	**spicy**	[**spa**ısı]
натуральный	**natural**	[**næ**ʧərəl]
острый	**sour**	[**sa**uə]
растворимый	**instant**	[**ın**stənt]

свежий	**fresh**	[frəʃ]
сладкий	**sweet**	[swɪ:t]
солёный	**salty**	[**sɔ**:ltɪ]
буйный	**rowdy**	[**ra**udɪ]
глупый	**fool, idiot**	[fu:l, **ɪ**dɪət]
заносчивый	**snob**	[snɔb]
медлительный	**slow**	[**slo**u]
мужественный	**brave**	[**brə**ɪv]
наглый	**arrogant**	[**æ**rəgənt]
небрежный, неряшливый	**careless**	[**kə**lɪs]
организованный	**orderly, neat**	[**ɔ:**dəlɪ, nɪ:t]
осторожный	**careful**	[**kə**ful]
подвижный	**quick, alert, active**	[kwɪk, ə**lə**:t, **æ**ktɪv]
религиозный	**religious**	[rɪ**lɪ**dʒɪəs]
светский	**non-religious**	[nɔn rɪ**lɪ**dʒɪəs]
сильный	**strong**	[strɔŋ]
скромный	**modest**	[**mɔ**dɪst]
слабый	**weak**	[wɪ:k]
стоящий	**worthwhile**	[**wə**:θwaɪl]
умный	**intelligent, wise**	[ɪn**tə**lɪdʒənt, waɪz]
внешний	**external**	[ɪks**tə**:nəl]
внутренний	**internal**	[ɪn**tə**:nəl]
высокий	**tall**	[tɔ:l]
лёгкий	**light**	[**la**ɪt]
низкий	**short**	[ʃɔ:t]
плохой	**bad**	[bæd]
смешанный	**mixed**	[mɪkst]
хороший	**good**	[gud]
тяжёлый	**heavy**	[**hə**vɪ]
шероховатый	**rough, rugged**	[rʌf, rʌgd]

КАК?	**HOW?**	**[hau]**
Как это?	**How is it?**	[**ha**u ɪz ɪt]
Как ты себя чувствуешь?	**How do you feel?**	[**ha**u du ju: fɪ:l]
Как дела? Как ты?	**How are you?** **How's everything?**	[**ha**u a: ju:]; [**ha**uz **e**vrɪΘɪŋ]
Как здоровье?	**How are things?**	[**ha**u a: Θɪŋz]
Как ты это делаешь?	**How do you do it?**	[**ha**u du ju: du: ɪt]
Как это выглядит?	**How does it look?**	[**ha**u dʌz ɪt luk]
Как оно? Каково? Как идут дела?	**How is it going?**	[**ha**u ɪz ɪt **go**uɪŋ]
Как это понимать?	**How is this to be understood?**	[**ha**u ɪz ðɪs tə bɪ: ʌndə**stu**:d]
Как это делают?	**How does one do this?**	[**ha**u dʌz wʌn du: ðɪs]
Как это произошло?	**How did it happen?**	[**ha**u dɪd ɪt hæpn]
Как пройти, проехать к...?	**How do you get to...?**	[**ha**u du ju: get tu]
Как сказать?	**How do you say...?**	[**ha**u du ju: seɪ]
Как тебе это нравится?	**How do you like this?**	[**ha**u du ju: **la**ɪk ðɪs]
так, вот так	**this way**	[ðɪs **we**ɪ]
так себе, сносно	**so-so**	[**so**u-**so**u]
так, как	**as, like**	[æz, **la**ɪk]
так вот	**and so, well**	[ənd **so**u, wel]
при помощи, посредством	**with the help of**	[wɪð ðə **he**lp əv]
самостоятельно	**alone**	[ə**lo**un]
до конца	**till the end**	[tɪl ðə **e**nd]
непрерывно	**non-stop, without a pause**	[nɔn stɔp, wɪ**ða**ut ə**pɔ**:z]

часто	**often**	[ɔfn]
редко	**seldom, rarely**	[**se**ldəm]
иногда	**sometimes**	[**sʌ**mtaɪmz]
наверняка	**for sure**	[fɔ: **ʃu**ə]
без колебаний	**without hesitation**	[wɪ**ða**ut hezɪ**te**ɪʃn]
колеблясь	**hesitatingly**	[hezɪ**te**ɪtɪŋlɪ]
открыто	**openly**	[**ou**pnlɪ]
публично	**publicly**	[**pʌ**blɪklɪ]
тайно, скрытно	**secretly**	[**sɪ**krɪtlɪ]
хорошо	**good**	[gud]
плохо	**bad**	[bæd]
отлично	**excellent**	[**e**ksɪlənt]
восхитительно	**wonderful**	[**wʌ**ndəful]
очень	**very**	[**ve**rɪ]
отвратительно	**disgusting**	[dɪs**gʌ**stɪŋ]
страшно	**horrible**	[**hɔ**rɪbl]
очень хорошо (плохо)	**very good (bad)**	[**ve**rɪ gud]
в порядке	**O.K.**	[ou**ke**ɪ]
в полном порядке	**perfectly all right**	[**pə**:fəktlɪ ɔ:l **ra**ɪt]
всё в порядке	**everything is fine**	[**e**vrɪθɪŋ ɪz **fa**ɪn]
ничего не поделаешь	**nothing can be done**	[**nʌ**θɪŋ kæn bɪ: dʌn]
с Божьей помощью	**With God's help (Thank God)**	[wɪð gɔdz help, (θæŋk gɔd)]
Моё здоровье в порядке.	**I'm fine.**	[**a**ɪm **fa**ɪn]
Я это делаю так.	**I do it this way.**	[**a**ɪ du: ɪt ðɪs weɪ]
Он (она) выглядит...	**He (she) looks...**	[hɪ: (ʃɪ:) luks]
бедным(ой)	**poor**	[**pu**ə]
бодрым(ой)	**fresh**	[frəʃ]
богатым(ой)	**rich**	[rɪʧ]

больным(ой)	**sick**	[sɪk]
высоким(ой)	**tall**	[tɔ:l]
здоровым(ой)	**healthy**	[**hə**lΘɪ]
маленьким(ой)	**short**	[ʃɔ:t]
молодым(ой)	**young**	[jʌŋ]
старым (о людях, о вещах)	**old**	[**o**uld]
уставшим(ей)	**tired**	[**ta**ɪəd]
хорошо (плохо)	**good (bad)**	[**g**ud (bæd)]
Это выглядит...	**It looks...**	[ɪt luks]
широким	**wide**	[**wa**ɪd]
узким	**narrow**	[**næ**rəu]

ОТКУДА?	**WHERE FROM?**	**[weə FRƆM]**
Откуда это?	**Where is this from?**	[**we**ərɪz ðɪs frɔm]
Откуда ты?	**Where are you from?**	[**we**əra: ju: frɔm]
Откуда...?	**Where... from?**	[**we**ə...frɔm
ты знаешь	**do you know**	du ju: **no**u]
едешь	**do you go (travel)**	[du ju: **go**u (trævl)]
идёшь	**do you come**	[du ju: kʌm]
пришел	**did you come**	[dɪd ju: kʌm]
взял	**did you take this**	[dɪd ju: **te**ɪk ðɪs]

ОТКУДА	**WHERE**	**[weəɛ]**
Откуда ты знаешь?	**Where do you know from?**	[**we**əe fdu ju: **no**u frɔm]
Откуда...?	**Where... from?**	[**we**əe... frɔm]
эти слухи	**are these rumors**	[a: ðɪ:z **rju:**məz]
сообщения	**is this information**	[ɪz ðɪs ɪnfɔ**mə**ɪʃn]

новости	**is this news**	[ız ðıs nju:z]
опасения	**are these fears**	[a: ðı:z **fı**əz]
оттуда	**from there**	[frɔm **ðə**]
отсюда	**from here**	[frɔm **hı**ə]
с, от, из...	**from...**	[frɔm]
России, Нью Йорка	**Russia, New York**	[**rʌ**ðə], [nju:**jɔ**:k]
банка	**a bank**	[ə **bæ**ŋk]
магазина	**a store**	[ə **stɔ**:]
учителя	**a teacher**	[ə **tı**:ʧə]
служащего	**a clerk**	[ə **kla**:k]
с, от, из...	**from...**	[frɔm]
меня	**me**	[mı:]
тебя	**you**	[ju:]
него (неё)	**him (her)**	[hım (hə:)]
всего этого	**all this**	[ɔ:l ðıs]
из-за отсутствия...	**for lack of...**	[fɔ: læk əv]
выбора	**choice**	[**ʧɔ**ıs]
веры	**faith**	[**fə**ıΘ]
уверенности	**confidens**	[**kɔ**nfıdəns]
недостатка средств	**for lack of means**	[fɔ: læk əv mı:nz]
избытка чувств	**because of the excitement**	[bı**kɔ**:z əv ðə ık**sa**ıtmənt]

ЗАЧЕМ? ПОЧЕМУ?	**WHY?**	**[WAI]**
Зачем...?	**Why...?**	[**wa**ı]
это нужно	**is that**	[ız ðæt]
тебе (Вам)	**should you**	[ʃud ju:]
мне	**should I**	[ʃud aı]
ему	**should he...**	[ʃud hı:]
ей	**should she...**	[ʃud ʃı:]
нам	**should we...**	[ʃud wı:]

им	**should they**	[ʃud **ðə**ı]
Зачем же так?	**Why this way?**	[**wa**ı ðıs **we**ı]
Это для...	**This is for...**	[ðıs ız fɔ:]
Это нужно для...	**One needs this for...**	[wʌn ni:dz ðıs fɔ:...]

ПОЧЕМУ? ОТЧЕГО?	**WHY?**	**[wʌı]**
Отчего же? Почему? К чему?	**Why?**	[**wa**ı]
Почему ты сердишься? (раздражён)?	**Why are you angry? (nervous)?**	[**wa**ı a: ju: **æ**ŋgrı] [**nə**:vəs]
Почему...?	**Why...?**	[**wa**ı]
ты волнуешься	**are you excited**	[a: ju: ık**sa**ıtıd]
ты здесь	**are you here**	[a: ju: **hı**ə]
у тебя нет	**don't you have**	[**do**unt ju: hæv]
ты говоришь мне	**are you telling me**	[a: ju: **tə**lıŋ mı:]
ты не слушаешь	**aren't you listening**	[a:nt ju: **lı**snıŋ]
это случилось	**did this happen**	[dıd ðıs **hæ**pn]
жарко	**hot**	[hɔt]
его нет	**isn't he in**	[ıznt hı: ın]
мы должны	**do we need**	[du wı: nı:d]
невозможно получить ответ	**can't we get an answer**	[ka:nt wı: gət ən **a:n**sə]
нельзя	**is it forbidden**	[ız ıt fə**bı**dn]
никого нет	**is no one here**	[ız **no**u wʌn **hı**ə]
ничего не делают	**aren't they doing anything**	[a:nt ðəı **du**ıŋ **ə**nıΘıŋ]
ничего не слышно	**can't you hear anything**	[ka:(æ)nt ju: **hı**ə **ə**nıΘıŋ]
опасно	**dangerous**	[**də**ınd3ərəs]
сыро, влажно	**wet**	[wət]
темно	**is it dark**	[ız ıt da:k]

ты говоришь	**do you say**	[du ju: **sə**ı]
ты не говоришь	**don't you say**	[**do**unt ju: **sə**ı]
ты не отвечаешь	**don't you answer**	[**do**unt ju: **a**:nsə]
ты хочешь	**do you want**	[du ju: wɔnt]
холодно	**is it cold**	[ız ıt **ko**uld]
Всё из-за того, что...	**all because of...**	[ɔ:l bı**kɔ:**z əv]
из-за; потому что...	**because of...**	[bı**kɔ**:z əv]
для	**for**	[fɔ:]
для того, чтобы...	**in order to**	[ın **ɔ**:də tu]
с целью (с намерением)	**on purpose**	[ɔn **pə**:pəs]
из-за меня	**because of me**	[**bıkɔ:z əv** mı:]
тебя (Вас)	**you**	[ju:]
него	**him**	[hım]
неё	**her**	[hə]:
нас	**us**	[ʌs]
них	**them**	[ðəm]
Для меня (тебя).	**For me (you)**	[fɔ: mı:]
Это из-за того, что...	**That is because...**	[ðæt ız bı**kɔ**:z]
Меня раздражает, что...	**It irritates (annoys) me that...**	[ıt ırı**te**ıts (ə**nɔ**ız) mı: ðæt]
Я волнуюсь, т.к. ...	**I'm excited because...**	[**a**ım ık**sa**ıtıd bı**kɔ**:z]
Мне здесь хорошо.	**It's good for me here.**	[ıts gud fɔ: mı: **hı**ə]
Я здесь потому, что ...	**I'm here because...**	[**a**ım **hı**ə bı**kɔ**:z]
У меня нет..., потому, что ...	**I don't have... because...**	[**a**ı **do**unt hæv... bı**kɔ**:z]
Что ты хочешь, чтобы я сказал?	**What do you want me to say?**	[wɔt du ju: wɔnt mı: tə **se**ı]

Так как (потому что)...	**Because...**	[b**ɪkɔ**:z]
сейчас ночь	**now it's nighttime**	[**na**u ɪts **na**ɪttaɪm]
нет электричества	**there's no electricity**	[**ðə**z **no**u əlɪk**trɪ**sɪtɪ]
из-за ...	**because of...**	[bɪ**kɔ:**z əv]
зимы	**the winter**	[ðə **wɪ**ntə]
лета	**the summer**	[ðə **sʌ**mə]
моря	**the sea**	[ðə **sɪ**:]
суховея	**the khamsin (hot dry wind)**	[ðə həm**sɪ**n (hɔt draɪ wɪnd)]
ветра	**the wind**	[ðə **wɪ**nd]
дождя	**the rain**	[ðə **rə**ɪn]
пыли	**the dust**	[ðə **dʌ**st]

Глаголы

Ключ к обозначениям

Времена:

Present – настоящее время
Past – прошедшее время
Future – будущее время

Глагольные формы:

C. = Continuous – происходящее действие
P. = Perfect – совершенное действие
P.C. = Perfect Continuous – действие, происходившее в прошлом

* означает спряжение глаголов **to be** (см. стр. 68) или **to have** (см. стр. 112) по временам и лицам.

Спряжение большинства глаголов представлено в 3-х формах, расположенных по вертикали:

Утвердительная
Вопросительная
Отрицательная

БРАТЬ, ВЗЯТЬ **TAKE – TOOK – TAKEN – TAKING**

[**te**ɪk] [tuk] [**te**ɪkn] [**te**ɪkɪŋ]

ПРОСТЫЕ ВРЕМЕНА SIMPLE TENSES

Present	Past	Future
I, we,	I, we,	I, we **shall (will) take**
you, they **take**	you, they,	You, they,
He, she, it **takes** [**te**ɪks]	he, she, it **took**	he, she, it **will take**
Do I, we	**Did** I,we	**Will** I, we
you, they **take**?	you, they	you, they
Does he, she, it **take**?	he, she, it **take**?	he, she, it **take**?
I, we	I, we	I, we **shall not (shan't) take**
You, they **don't take**	You, they,	You, they,
He, she, it **doesn't take**	he, she, **didn't take**	he, she, it **will not (won't) take**

ВРЕМЕНА ПРОДОЛЖЕННОГО CONTINUOUS TENSES ДЕЙСТВИЯ

Present	Past	Future
I **am**	I **was**	I, we **shall, will**
We, you , they **are taking**	You, we, they **were taking**	You, they **will be taking**
He, she, it **is taking**	He ,she, it **was taking**	He, she, it **will taking**
Am I	**Was** I	**Shall (will)** I, we

Are we, you, they **taking**?	Were you, we, they **taking**?	**Will** you, they **taking**
Is he, she, it	**Was** he, she, it	He, she, it **be taking**?
I **am not taking**	I **was not taking**	I, we **shall not be taking**
You,we, they **are not taking**	You, we, they **were not taking**	You,they **will not be taking**
He, she, it **is not taking**	he, she, it **was not taking**	he, she, it **will not taking**

ВРЕМЕНА СВЕРШЁННОГО ДЕЙСТВИЯ PERFECT TENSES

Present	Past	Future
I, we,	**I, we,**	**I, we,**
you, they **have taken**	you, they,	you, they **will have taken**
He, she, it **has taken**	He, she, it **had taken**	He, she, it **will have taken**
Have I, we you, they **taken**? **Has** he, she, it **taken**?	**Had** I, we you, they, he, she, it **taken**?	**Will** I, we you, they, he, she, it **have taken**?
I, we, you, they **haven't taken**	I, we, you, they **hadn't taken...**	I, we, you, they **will have not taken**
He, she, it **hasn't taken**	He, she, it **hadn't taken**	He, she, it **will have not taken**

ВРЕМЕНА ЗАВЕРШЕННО-ПРОДОЛЖАЮЩИХСЯ ДЕЙСТВИЙ
PERFECT CONTINUOUS TENSES

Present	Past	Future
I, we, you, they **have been taking** He, she, it **has been taking**	I, we, you, they, he, she, it **had been taking**...	I, we, you, they, he, she, it **will have been taking**...
Have I, we, you, they **been taking**? **Has** he, she, it **been taking**?	**Had** I, we, you, they, he, she, it **been taking**?	**Will** I, we, you, they, he, she, it **have been taking**?
I, we **have** You, they **have not been taking** He, she, it **has not been taking**	I, we you, they he, she, it **had not been taking**	I, we you, they he, she, it **will not have been taking**..

I take books from the library *once a week* (*once a month, every evening, seldom, often*) — Я беру книги из библиотеки *раз в неделю (раз в месяц, каждый вечер, редко, часто).*

You took them *a week ago (yesterday, last year)*. — Вы взяли их *неделю назад (вчера, в прошлом году).*

I have already taken these books. — Я уже взял эти книги.

I had taken all the papers *(yesterday by 7 p.m.)* — Я забрал (взял) все документы (*к 7 часам вчера).*

You have been taking books from this library *since last year*.	Вы берёте книги из этой библиотеки *с прошлого года*.
I am taking a course in English (*now***).**	Я учусь на курсах английского языка *(сейчас)*.

Брать, взять	**to take**	[tə **te**ık]
где?	**from where?**	[frɔm **wə**e]
у...	**from...**	[frɔm]
меня	**me**	[mı:]
тебя	**you**	[ju:]
него	**him**	[hım]
неё	**her**	[hə:]
нас	**us**	[ʌs]
Вас	**you**	[ju:]
них	**them**	[ðem]
немного	**a little**	[ə **lı**tl]
много	**a lot**	[ə **lɔ**t]
легко	**easy**	[**ı:**zı]
с трудом	**hardly**	[**ha**:dlı]
навсегда	**forever**	[fɔ:**re**və]
на некоторое время	**for a certain time**	[fɔ:(r) ə**sə**:tn **ta**ım]
на несколько минут	**for a few minutes**	[fɔ:(r)ə**fju**: **mı**nəts]
отдельно	**separately**	[**se**pərətlı]
вместе	**altogether**	[ɔ:ltə**ge**ðə]
назад	**backwards**	[**bæ**kwədz]
тихо	**quietly**	[**kwa**ıətlı]
с целью (с намерением)	**in order to**	[ın **ɔ:**də tu]
ненамеренно	**unintentionally**	[ʌnın**te**nʃnəlı]

взять билет(ы)...	**to take ticket(s)...**	[tə **te**ɪk **tɪ**kɪt(s)]
в театр	**to the theatre**	[tə ðə **θɪ**ətə]
в музей	**to the museum**	[tə ðə mju:**zɪ**əm]
в кино	**to the movie, cinema**	[tə ðə **mu**vɪ:, **sɪ**nɪmə]
на поезд	**a railway ticket**	[ə**re**ɪlweɪ**tɪ**kɪt]
на метро	**a metro ticket**	[ə **mɪ**:trou **tɪ**kɪt]
на автобус	**a bus ticket**	[ə **bʌ**s **tɪ**kɪt]
на спектакль	**for a performance**	[fɔ(r)ə pə**fɔ**:məns]
на концерт	**for a concert**	[fɔ(r)ə **kɔ**nsət]
на лекцию	**for a lecture**	[fɔ(r)ə **le**kʧə]
туда и обратно	**a return ticket**	[ə rɪ**tə**:n **tɪ**kɪt]
взять...	**to take...**	[tə**te**ɪk]
паспорт	**the passport**	[ðə **pa**:spɔ:t]
адрес	**the address**	[ðə əd**re**s]
вещи	**things**	[θɪŋz]
документы	**documents**	[**dɔ**kjuments]
карту	**a map**	[ə **mæ**p]
чемодан	**a suitcase**	[ə**sju**:tkeɪs]
телефон	**the telephone**	[ðə **te**lɪfoun]
убрать, вынести	**take away**	[**te**ɪk ə**we**ɪ]
вернуть, принять обратно	**take back**	[**teɪ**k bæk]

БЫТЬ *; НАХОДИТЬСЯ; ЯВЛЯТЬСЯ — **BE / AM, ARE, IS / – WAS, WERE –** [bɪ:/æm, a:, ɪz]/ [wɔz] [wə:] **BEEN – BEING*** [bɪ:n] [**bɪɪŋ**]

Present	Past	Future
I **am** ...	I **was** ...	I **shall** (will)...
You (we, they) **are...**	You (we, they) **were**...	You (they) **will**... **be**
He (she,it) **is** ...	He (she,it) **was**...	He (she, it) **will**...
Am I...?	**Was** I...?	**Shall (will)** I (we)...?
Are you (they,we)...?	**Were** you (they,we)...?	**Will** you (they) ... **be**?
Is he (she, it)...?	**Was** he (she, it)...?	**Will** he (she, it)...?
I **am**	I **was**	I **shall (will)**
You (we, they) **are not...**	You (we, they) **were not**...	You (we, they) **will not be**...
He (she, it) **is not**	He (she, it) **was not**	He (she, it) **will not be**
с. не употребляется	*Р.* HAVE* BEEN	*р.с.* не употребляется

I am a doctor.	Я (являюсь, работаю) врач(ом).
We are students.	Мы студенты.
He was there *yesterday* **(***several days ago, last time***).**	Он был там *вчера (несколько дней назад, в прошлый раз).*
They will be there on time (*in a week, in 1999, next year, 3 days later***).**	Они будут там *вовремя (через неделю, в 1999 году, в следующем году, через 3 дня).*

I have *never (already, just) been* **to London.**	*Я никогда не (уже, только что побывал)* был в Лондоне.
She had been there *before we met* (*by the end of the month*).	Она побывала там *до того, как мы познакомились (уже к концу месяца)*.

чувствовалось, что	**It was felt that**	[ɪt wɔz felt ðæt]
было в прошлом	**It was in the past**	[ɪt wɔz ɪn ðə **pa**:st]
будет в будущем	**It will be in the future**	[ɪt wɪl bɪ: ɪn ðə **fju**:ʧə]
Что это было?	**What was it?**	[wɔt **wɔ**z ɪt]
Это было связано с...	**It was connected with...**	[ɪt wɔz kə**ne**ktɪd wɪð]
было...	**It was...**	[ɪt wɔz]
хорошо	**good**	[gud]
плохо	**bad**	[bæd]
жарко	**hot**	[hɔt]
холодно	**cold**	[**ko**uld]
ветренно	**windy**	[**wɪ**ndɪ]
тяжело	**difficult**	[**dɪ**fɪkəlt]
легко	**easy**	[**ɪ**:zɪ]
нормально	**O.K.**	[ou**ke**ɪ]
поздно	**late**	[**le**ɪt]
рано	**early**	[**ə**:lɪ]
темно	**dark**	[da:k]
светло	**light**	[**la**ɪt]
приятно, прекрасно	**pleasant, nice**	[**ple**zənt, **na**ɪs]
отвратительно	**disgusting**	[dɪs**gʌ**stɪŋ]
страшно	**scary**	[**skə**rɪ]
опасно	**dangerous**	[**de**ɪnʒərəs]
странно	**strange**	[**stre**ɪnʒ]

напрасно	**in vain**	[ɪn**ve**ɪn]
излишне	**unnecessary**	[ʌn**ne**səsərɪ]
достаточно	**enough**	[ɪ**nʌ**f]
недостаточно	**not enough**	[nɔt ɪ**nʌ**f]
слишком (много)	**too (much)**	[tu: mʌʧ]
очень трогательно	**very touching**	[**ve**rɪ **tʌ**ʧɪŋ]
весело	**merry**	[**me**rɪ]
печально	**sad**	[sæd]
Он был, она была...	**He was, she was...**	[hɪ: wɔz, ʃɪ: wɔz]
вежливый (ая)	**polite**	[pə**la**ɪt]
грубый	**impolite, rude, coarse**	[ɪmpə**la**ɪt, ru:d, kɔ:s]
упрямый	**stubborn**	[**stʌ**bən]
ласковый	**likable, tender, sweet**	[**la**ɪkəbl, **te**ndə, swɪ:t]
доброжелательный	**well-wishing**	[wel **wɪ**ʃɪŋ]
щедрый	**generous**	[**ʒe**nərəs]
скупой	**greedy, stingy**	[**grɪ:**dɪ, **stɪ**nʒɪ]
суровый	**severe**	[sɪ**vɪ**ə]
серьёзный	**serious**	[**sɪ**ərɪəs]
счастливый, довольный	**happy**	[**hæ**pɪ]
несчастный	**unhappy**	[ʌn**hæ**pɪ]
чувствительный	**sensitive**	[**se**nsɪtɪv]
привлекательный	**attractive**	[ə**træ**ktɪv]
странный	**strange**	[st**reɪ**nʒ]
прекрасный	**fine, nice, good-looking**	[**fa**ɪn, **na**ɪs, gud**lu**kɪŋ]
шаловливый	**naughty**	[**nɔ**:tɪ]
скромный	**modest**	[**mɔ**dɪst]

наглый	**cheeky, nervy**	[**ʧɪ**:kɪ, **nə**:vɪ]
Был(а, о)...	**It was...**	[ɪt wɔz]
ночь	**night**	[**na**ɪt]
день	**daytime**	[**de**ɪtaɪm]
утро	**morning**	[**mɔ**:nɪŋ]
полдень	**noon**	[nu:n]
вечер	**evening**	[**ɪ:v**nɪŋ]
выходной день, праздник	**a holiday**	[ə **hɔ**lɪdɪ]
ошибка	**a mistake**	[ə mɪs**te**ɪk]
проблема	**a problem**	[ə **prɔ**bləm]
суббота	**Saturday**	[**sæ**tədɪ]
экзамен	**an exam**	[ən ɪg**zæ**m]
(важная) встреча	**a(n) (important) meeting**	[ə(n) ɪm**pɔ**:tənt **mɪ**:tɪŋ]
недовольство	**embitterment**	[ɪm**bɪ**təmənt]
радость	**happiness**	[**hæ**pɪnɪs]
волнение	**excitement**	[ɪk**sa**ɪtmənt]
война	**war**	[wɔ:]
тяжёлая болезнь	**a serious illness**	[ə **sɪ**ərɪəs **ɪl**nɪs]
ненависть	**hatred**	[**he**ɪtrəd]
странная реакция	**a strange reaction**	[ə st**re**ɪnʒ rɪ**æ**kʃn]
Был...	**It was...**	[ɪt wɔz]
глубокий	**deep**	[dɪ:p]
мелкий	**shallow**	[**ʃæ**lou]
открытый	**open**	[**o**upn]
закрытый	**closed**	[**klo**uzd]
деловой	**practical**	[**præ**ktɪkəl]
скользкий	**slippery**	[**slɪ**pərɪ]
потерянный	**lost**	[lɔst]

радостный	**happy**	[**hæ**pı]
волнующий	**exciting**	[ık**sa**ıtıŋ]
Будь здоров!	**Be healthy!**	[bı: **he**lΘı]

БЫТЬ ДОЛЖНЫМ, ПОНАДОБИТЬСЯ — HAVE TO, NEED [hæv tu:] [nı:d]

Употребляется только в SIMPLE TENSES

Present	Past	Future
I,we, you, they **have to, need (to).** He, she, it **has to, needs (to)**.	I,we, you, they, he, she, it **had to, needed(to)**	I,we, you, they, he, she, it **will have to, will need (to)**

Я (*всегда, часто, иногда*) должен делать это вместо него. — **I (***always, often, sometimes***) have to do it instead of him.**

Мне пришлось самому встретить его *вчера* (*на прошлой неделе, позавчера*). — **I had to meet him myself yesterday (***last week, the day before yesterday***).**

Мне придётся (должен буду) перевести это сам. — **I will have to translate it myself.**

Мне это очень необходимо (нужно позарез). — **I need it badly.**

Тебе нужно было сделать это сразу же. — **You needed to do it at once.**

Мне понадобится твоя помощь *в следующий раз* (*скоро, на следующей неделе*).	**I will need your help next time** (*soon, next week*).

Это должно быть...	**It has to be...**	**[ɪt hæz tə bɪ:]**
сделано	**done**	**[dʌn]**
проверено	**checked**	**[ʧekt]**
написано	**written**	**[rɪtn]**
заказано (о местах, полётах и пр)	**ordered**	**[ɔ:dəd]**
заказано (покупки, вещи и пр)	**booked**	**[bukt]**
упомянуто	**mentioned**	**[menʃnd]**
правдой	**true**	**[tru:]**
ложью	**lie**	**[laɪ]**
согласовано	**agreed**	**[əgrɪ:d]**
правильно	**right**	**[raɪt]**
неправильно	**wrong**	**[rɔŋ]**

ВИДЕТЬ **SEE – SAW – SEEN – SEEING**
[sɪ:] [sɔ:] [sɪ:n] [sɪ:ɪŋ]

Present	Past	Future
I, we, you they **see** he, she, it **sees** [sɪ:z]	I, we, you, they he, she, it **saw**	I, we, you, they he, she, it **will see**
Do I , we you, they **see** **Does** he, she, it **see**?	**Did** I, we, you, they, he, she, it **see**?	**Will** I, we, you, they he, she, it **see**?
I, we, you, they **don't see**... he, she, it **doesn't see**...	I, we, you, they, he, she, it **did not see**	I, we, you, they, she, it **will not (won't) see**
с. не употребляется	*р.* HAVE* SEEN	*р.с.* не употребляется

I *often (seldom, sometimes, always)* **see him there.** — *Я часто (редко, иногда, всегда)* вижу его там.

If **I see him, I will tell him.** — *Если* я увижу его, я ему скажу.

I saw her *yesterday (2 weeks ago, last year).* — Я видел её вчера (2 недели назад, в прошлом году).

I will see him *in a week* (*in a year, in 3 months, tomorrow*). — Я увижу его *через неделю (через год, через 3 месяца, завтра).*

I have not seen you *for ages* (*for a long time, for a year, since last year*). — Я не видел тебя *вечность (очень долго, целый год, с прошлого года).*

I had seen him long *before he finished his course.*	Я видел его *задолго до того, как он закончил курсы.*

вид, внешний вид	**sight, appearance**	[**sa**ıt, ə**pı**ərəns]
видимость, зрение	**vision, sight (eye-sight)**	[vıʒn, **sa**ıt, (**aı**saıt)]
интервью	**interview**	[**ın**təvju:]
Увидим.	**We'll see.**	[wı:l sı:]
дальновидный	**far-seeing, far-sighted**	[fa:**sı**:ıŋ, fa:**sa**ıtıd]
Пока, увидимся.	**See you, bye.**	[sı: ju:, **ba**ı]
Так, понятно.	**Well, I see.**	[wel aı **sı**:]
трезвый взгляд (подход)	**foresight**	[**fɔ**:saıt]
Вижу (видишь)...	**I (you) see...**	[aı (ju:) sı:]
это	**it**	[ıt]
прямо	**straight in front**	[st**re**ıt ın **frʌ**nt]
спереди	**from in front**	[frɔm ın **frʌ**nt]
слева	**on the left**	[ɔn ðə **le**ft]
справа	**on the right**	[ɔn ðə **ra**ıt]
рядом, близко к...	**near, next to**	[**nı**ə, nekst tu]
на расстоянии	**in the distance**	[ın ðə **dı**stəns]
всё	**everything**	[**e**vrıΘıŋ]
ясно	**clearly**	[**klı**əlı]
ничего	**nothing**	[**nʌ**Θıŋ]
это	**this**	[ðıs]
хорошо	**well**	[wel]
с трудом	**hardly**	[**ha**:dlı]
отлично	**very well**	[**ve**rı wel]
дорогу	**the way**	[ðə **we**ı]
это место	**this place**	[ðıs **ple**ıs]

этот угол	**this corner**	[ðɪs **kɔ**:nə]
этот перекрёсток	**the crossroad**	[**krɔ**sroud]
магазин	**a store**	[ə**stɔ**:]
бакалейную лавку	**a grocery**	[ə**gro**usərɪ]
автобусную остановку	**a bus stop**	[ə**bʌ**s stɔp]
этот дом	**this house**	[ðɪs **ha**us]
вход	**the entrance**	[ðə **en**trəns]
выход	**the exit**	[ðə **ek**sɪt]
переход	**a pedestrian**	[ə pɪ**de**strɪən]
мост	**the bridge**	[ðə **brɪ**ʒ]
банк	**the bank**	[ðə **bæ**ŋk]
обмен валюты	**an exchange office, the money exchange**	[ən ɪks**ʧe**ɪnʒ **ɔ**fis, ðə **mʌ**nɪ ɪks**ʧe**ɪnʒ]
площадь	**the square**	[ðə skw**ə**]
парк	**the park**	[ðə **pa**:k]
отель	**the hotel**	[ðə hou**te**l]
мотель	**the motel**	[ðə mo(u)**te**l]
бензозаправку	**a gas station, the petrol station**	[ə**ga**z **ste**ɪʃn, ðə **pe**tr(ə)l **ste**ɪʃn]
полицию	**the police**	[ðə pə**lɪ**:s]
больницу	**the hospital**	[ðə **hɔ**spɪtəl]
справочное бюро	**the information (desk)**	[ðə ɪnfə**me**ɪʃn desk]
Смотри!	**Look!**	[luk]
Видел, что он сделал?	**Did you see what he has done?**	[dɪd ju: sɪ: **wɔ**t hɪ: hæz dʌn]
Подожди, скоро увидишь!	**Wait! You'll soon see!**	[**we**ɪt, ju:l su:n sɪ:]
Я тебе ещё покажу!	**I'll teach you a lesson!**	[**a**ɪl tɪ:ʧ ju: ə**le**sn]
Пока!	**See you later!**	[sɪ: ju: **le**ɪtə]

ВЕРНУТЬ, ВЕРНУТЬСЯ	**RETURN – RETURNED – RETURNED –** [rɪtə:n] [rɪtə:nd] **RETURNING** [rɪtə:nɪŋ]

SIMPLE

Present	Past	Future
I,we, you, they **return**	I, we,you, they, **returned**	I, we, you, they,
he, she, it **returns** [rɪtə:nz]	he, she, it **returned**	he, she, it **will return**
Do I, we, **you, they return?**	**Did** I, we, **you, they,**	**Will** I, we, **you, they,**
Does he, she, it **return**?	he, she, it **return**	**he, she, it return?**
I, we,	I, we,	I, we,
you, they **don't return**	you, they,	you, they,
he, she, it **doesn't return**	he, she, it **didn't return**	he, she, it **will not (won't) return**
C. BE* RETURNING	*P.* HAVE* RETURNED	*P.C.* HAVE* BEEN RETURNING

You *always* (*seldom, never*) **return on (in) time.**	Ты *всегда (редко, никогда* не) возвращаешься вовремя.

I returned his things to him *yesterday* (*a week ago,last* **time, last week**).	Я вернул ему вещи *вчера (неделю назад, в прошлый раз, на прошлой неделе)*.
I have returned everything to him *today* (*this week, this year*).	Я вернул ему всё *сегодня (на этой неделе, в этом году)*.
I had returned *by the end of the week* (*month, year, by 6 p.m.*)	Я вернулся *к концу недели (месяца, года, к 6 час. вечера)*.

немедленно	**immediately**	[ı**mı**dıətlı]
после этого	**after this (that)**	[**a**:ftə ðıs (ðæt)]
позавчера	**the day before yesterday**	[ðə **de**ı bı**fɔ**: **je**stədı]
во время	**during**	[**dju**:ərıŋ]
вовремя, точно в срок	**on time**	[ɔn **taı**m]
вчера	**yesterday**	[**je**stədı]
сегодня	**today**	[tə**de**ı]
завтра	**tomorrow**	[tə**mɔ**rou]
послезавтра	**the day after tomorrow**	[ðə **de**ı **a**:ftə tə**mɔ**rou]
в следующем месяце	**next month**	[nekst mʌnΘ]
в будущем году	**next year**	[nekst **je**ə]
через несколько месяцев	**in several months**	[ın **se**vərəl mʌnΘs]
через некоторое время	**in a while**	[ın ə **wa**ıl]
после	**after**	[**a**:ftə]
после обеда	**in the afternoon**	[ın ðə a:ftə**nu**:n]
утром	**in the morning**	[ın ðə **mɔ**:nıŋ]
вечером	**in the evening**	[ın ðə **ı:v**nıŋ]

в обед	**at noon**	[ət **nu**:n]
Я вернул это.	**I returned it.**	[aɪ rɪ**tə**:nd ɪt]
Когда ты вернёшь мне книгу?	**When will you return the book to me?**	[wen wɪl ju: rɪ**tə:**n ðə buk tə mɪ:]
на следующей неделе	**next week**	[nekst **wɪ**:k]
перед уроком	**before class**	[bɪ**fɔ**: **kla**:s]
в перерыве	**during the break**	[**dju**ərɪŋ ðə **bre**ɪk]
при случае	**when I have a chance**	[wen aɪ hæv əʧ**a**:ns]
выплата	**payment**	[**pe**ɪmənt]
долг	**debt**	[det]
вернуться (из, к, в)...	**to return (from, to), come back...**	[tə rɪ**tə:n** (frɔm, tu), kʌm bæk]
из армии	**from the army**	[frɔm ðə **a**:mɪ]
из кино	**from the movie**	[frɔm ðə **mu**:vɪ:]
из школы	**from school**	[frɔm sku:l]
из поликлиники	**from the clinic**	[frɔm ðə **klɪ**nɪk]
из магазина	**from the store**	[frɔm ðə stɔ:]
с работы	**from work**	[frɔm **wə**:k]
домой	**home**	[**ho**um]
вернулся	**returned**	[rɪ**tə**:nd]
усталый	**tired**	[**ta**ɪəd]
довольный	**satisfied**	[**sæ**tɪsfaɪd]
разочарованный	**disappointed**	[dɪsə**pɔ**ɪntɪd]
радостный	**merry**	[**me**rɪ]
в хорошем настроении	**in a good mood**	[ɪn ə**gu**d mud]
разбитым	**exhausted**	[ɪg**zɔ**:stɪd]

ВСТРЕЧАТЬ, ВСТРЕЧАТЬСЯ — MEET – MET – MET – MEETING

[mɪ:t] [met] **[mɪ:tɪŋ]**

SIMPLE

Present	Past	Future
I, we, you, they **meet** He, she, it **meets** [mɪ:ts]	I, we, you, they, he, she, it **met**	I, we, you, they, he, she, it **will meet**
Do I, we, you, they **meet**? **Does** he, she, it **meet**?	**Did** I, we, you, they he, she, it **meet**?	**Will** I, we, you, they, he, she, it **meet**?
I, we, you, they **don't meet** He, she, it **doesn't meet**	I, we, you, they, he, she,it **didn't meet**	I, we, you, they, he, she, it **will not (won't) meet**
C. BE* MEETING	*P.* HAVE* MET	*P.C.* HAVE* BEEN MEETING

I meet her *often* (*always, seldom*) **in the park.**	Я встречаю её *часто (всегда, редко)* в парке.
Yesterday (*a week ago, last month*) **I met her by chance.**	*Вчера (неделю назад, в прошлом месяце)* я встретил её случайно.
I have met her *today* (*this week*).	Я встретил её *сегодня (на этой неделе)*.
I had met her *by 3 a.m.* **in the airport.**	Я встретил её *(уже) к 3 часам* в аэропорту.

встреча, деловое свидание	**meeting, appointment**	[**mɪ**:tɪŋ, ə**pɔ**ɪntmənt]
Я должен встретиться...	**I have to meet...**	[aɪ hæv tə mɪ:t]
с тобой, с Вами	**you**	[ju:]
с ним	**him**	[hɪm]
с ней	**her**	[hə:]
с ними...	**them...**	[ðem]
в лобби	**in the lobby**	[ɪn ðə **lɔ**bɪ]
на улице	**in the street**	[ɪn ðə **strɪ**:t]
в классе	**in class**	[ɪn **kla**:s]
в конторе	**in the office**	[ɪn ðə **ɔ**fɪs]
в банке	**at the bank**	[ət ðə **bæ**ŋk]
на работе	**at work**	[ət **wə**:k]
в 5 часов	**at 5 oclock**	[ət **fa**ɪv ə**klɔ**k]
на почте	**at the post-office**	[ət ðə **po**ustɔfɪs]
на рынке	**at the market**	[ət ðə **ma**:kɪt]
на аэродроме	**at the airport**	[ət ðə **ə**pɔ:t]
на вокзале	**at the railway station**	[ət ðə **re**ɪlweɪ **ste**ɪʃn]
на автовокзале	**at the bus station**	[ət ðə bʌs **ste**ɪʃn]
у билетной кассы	**at the ticket office**	[ət ðə **tɪ**kɪt **ɔ**fɪs]
у справочного бюро	**at the information office**	[ət ðə ɪnfə**me**ɪʃn **ɔ**fɪs]
на остановке автобуса	**at the bus stop**	[ət ðə **bʌ**sstɔp]
у входа	**at the entrance**	[ət ðə **e**ntrəns]
у выхода	**at the exit**	[ət ðə **e**ksɪt]
в ресторане	**at the restaurant**	[ət ðə **re**st(ə)rɔ:ŋ]
в понедельник	**on Monday**	[ɔn **mʌ**ndɪ]

в воскресенье	**on Sunday**	[ɔn **sʌ**ndı]
в январе	**in January**	[ın **ʒæ**njuərı]
срочно	**urgently**	[**ə**:ʒəntlı]
случайно	**by chance**	[**ba**ı **ʧa**:ns]
обязательно	**without fail**	[wı**ða**ut **feı**l]
в течение дня	**during the day**	[**dju**ərıŋ ðə **de**ı]

ДАТЬ, ДАВАТЬ — GIVE – GAVE – GIVEN – GIVING

[gıv] [geıv] [gıvn] [gıvıŋ]

SIMPLE

Present	Past	Future
I, we, you, they **give.** He, she, it **gives.** [gıvz]	I, we, you, they, he, she, it **gave.**	I, we, you, they, he, she, it **will give.**
Do I, we, you, they **give**? **Does** he, she, it **give**?	**Did** I, we, you, they he, she, it **give**?	**Will** I, we, you, they, he, she, it **give** ?
I, we, you, they **don't give.** He, she, it **doesn't give.**	I, we, you, they, he, she, it **didn't give.**	I, we, you, they, he, she, it **will not (won't) give.**
c. BE* GIVING	*p.* HAVE* GIVEN	*p.c.* HAVE* BEEN GIVING

I always (*often, never, sometimes***) give him books.** — *Я всегда (часто, никогда, иногда)* даю ему книги.

Yesterday **(the day before yesterday, last week, a month ago) I gave him the book.**	*Вчера (позавчера, на прошлой неделе, месяц назад)* я дал ему книгу.
I have *(just, already)* **given it to you (***today, this week, this month***).**	Я *(только что, уже)* отдал тебе это *(сегодня, на этой неделе, в этом месяце).*
You had *already* **given it to me** *by the end of the last week.*	Ты *уже* отдал это мне *к концу прошлой недели.*
I am giving it to you.	Я даю тебе это.

Дай (дать)...	**give (to give)...**	[gɪv]
мне	**me**	[mɪ:]
тебе, Вам	**you**	[ju:]
ему	**him**	[hɪm]
ей	**her**	[hə:]
нам	**us**	[ʌs]
им	**them**	[ðem]
подарить	**give a present**	[gɪv ə**pre**znt]
Дай(те) мне это.	**Give it to me.**	[gɪv ɪt tə **mɪ**:]
Дай(те) мне...	**Give me...**	[gɪv mɪ:]
деньги	**some money**	[sʌm **mʌ**nɪ]
сдачу	**change**	[**ʧe**ɪnʒ]
чековую книжку	**check book**	[**ʧe**k buk]
билет	**a ticket**	[ə**tɪ**kɪt]
этот документ	**this paper (document)**	[ðɪs **pe**ɪpə, (**dɔ**kjument)]
Ваш паспорт	**your passport**	[jɔ: **pa**:(æ)spɔ:t]
ответ	**the answer**	[ðɪ **a**:nsə]
свою биографию	**your biography**	[jɔ: baɪ**ɔg**rəfɪ]
лекарство	**the medicine**	[ðə **me**dsɪn]
эту книгу	**this book**	[ðɪs **bu**k]

тетрадку	**a copybook**	[ə **kɔ**pıbuk]
твою руку	**your hand**	[jɔ: **hæ**nd]
передышку	**some time**	[sʌm **ta**ım]
Дайте ему... (Пусть он)	**Let him...**	[let hım]
понять	**understand**	[ʌndə**stæ**nd]
подумать (обдумать)	**think (think it over)**	[θıŋk] [θıŋk ıt **ou**və]
сообразить	**think it out**	[θıŋk ıt **au**t]
знать	**know**	[**no**u]
сделать	**do**	[du:]
послушать	**listen to**	[lısn tu:]
ответить	**answer**	[**a**:(æ)nsə]
открыть	**open..**	[**o**upn]
перевести дух	**take breath**	[**te**ık **bre**θ]

ДЕЛАТЬ

DO – DID – DONE – DOING
[du:] [dıd] [dʌn] [**du:**ıŋ]

SIMPLE

Present	Past	Future
I, we, you, they **do.** He, she, it **does.** [dʌz]	I, we, you, they, he, she, it did	I, we, you, they, he, she, it **will do.**
Do I, we, you, they **do**? **Does** he, she, it **do**?	**Did** I, we, you, they he, she, it **do**?	**Will** I, we, you, they, he, she, it **do**?

I, we, you, they **don't do.** He, she, it **doesn't do.**	I, we, you, they, he, she, it **didn't do.**	I, we, you, they, he, she, it **will not (won't) do.**
c. BE* DOING	*p.* HAVE* DONE	*p.c.* HAVE* BEEN DOING

I do this work *every day (week, monthly)*.	Я выполняю эту работу *каждый день, (каждую неделю, ежемесячно).*
I did it *last year* (*summer, winter, a month ago*).	Я сделал это *на прошлой неделе (прошлым летом, зимой, месяц назад)*
I have (*already, just*) **done it** *today* (*this month*).	Я *(уже, только что)* сделал это сегодня (в этом месяце).
I had done it *before they asked*.	Я сделал это *до того, как они попросили.*
I have been doing it *since Friday, Saturday*	Я делаю это уже *с пятницы, субботы*

(с)делать	**to do**	[tə du:]
много	**much, a lot**	[mʌʧ, ə**lɔt**]
мало	**a little**	[ə**lı**tl]
всё	**everything**	[**e**vrıθıŋ]
ничего	**nothing**	[**nʌ**θıŋ]
преуспевать	**do well**	[du: wel]
Что ты натворил(а)?	**What have you done?**	[wɔt hæv ju: **dʌ**n]
Что поделаешь?	**What can be done?**	[wɔt kən bı: dʌn]
Делай как хочешь.	**Do as you like.**	[du: æz ju: **la**ık]
Что надо сделать?	**What am I to do?**	[wɔt æm aı tə **du**:]

Что будем с этим делать?	**What shall we do with it?**	[wɔt ʃæl wɪ: **du**: wɪð ɪt]
Сделай мне одолжение:	**Do me a favor:**	[du: mɪ: ə**feɪ**və]
закрой окно	**close the window**	[**klo**uz ðə **wɪ**ndou]
открой дверь	**open the door**	[**o**upn ðə **dɔ**:]
замолчи уже	**shut up**	[ʃut **ʌ**p]
принеси	**bring me**	[**brɪ**ŋ mɪ:]
передай мне (ему)	**pass me (him)**	[**pa**:s hɪm]
скажи ей	**tell her**	[**te**l hə:]
оставь всё это	**leave it all**	[**lɪ**:v ɪt ɔ:l]
Сделано из...	**Made of...**	[**me**ɪd əv]
золота	**gold**	[**go**uld]
серебра	**silver**	[**sɪ**lvə]
дерева	**wood**	[wud]
мрамора	**marble**	[ma:bl]
шерсти	**wool**	[wu:l]
шёлка	**silk**	[sɪlk]
хлопка	**cotton**	[**kɔ**tn]
стекла	**glass**	[gla:s]

ДУМАТЬ **THINK – THOUGHT – THOUGHT –**
[tɪŋk] [tɔ:t]
THINKING
[tɪŋkɪŋ]

SIMPLE

Present	Past	Future
I, we, you, they **think.** He, she, it **thinks.** [θɪŋks]	I, we, you, they, he, she, it **thought.**	I, we, you, they, he, she, it **will think.**
Do I, we, **you, they think?** **Does he, she, it think?**	**Did** I, we, **you, they,** **he, she, it think?**	**Will** I, we, **you, they,** **he, she, it think?**
I, we, **you, they don't think.** He, she, it **doesn't think.**	I, we, **you, they,** **he, she, it didn't think.**	I, we, **you, they,** **he, she, it will not (won't) think.**
C. BE* THINKING	*P.* HAVE* THOUGHT	*P.C.* HAVE* BEEN THINKING

I think, you are right. Я думаю, что ты прав.
I thought you were wrong. Я думал, что ты был неправ.
I have thought it over. Я обдумал это.
I will think the plan over. Я обдумаю план.

Я думал... **I thought...** [aɪ θɔ:t]
что **that** [ðæt]

о, об	**about**	[ə**ba**ut]
о тебе, о вас	**about you**	[ə**ba**ut ju:]
о нём	**about him**	[ə**ba**ut hım]
о ней	**about her**	[ə**ba**ut hə:]
о нас	**about us**	[ə**ba**ut ʌs]
о них	**about them**	[ə**ba**ut ðem]
об этой идее	**of this idea**	[əv ðıs aı**dı**ə]
обо всём этом	**about all of this**	[ə**ba**ut **ɔ**:l əv ðıs]
мысль	**thought**	[θɔ:t]
обдумывать (взвешивать)	**think over**	[θıŋk **ou**və]
Мне, ему, ей думается.	**I think; he (she) thinks.**	[aı θıŋk, hı: (ʃı:) θıŋks]
не долго думая	**without a moment's thought**	[wı**ða**ut ə**mo**umənts θɔ:t]
Много о себе думает.	**Thinks very well (highly, too much) of himself (herself)**	[θıŋks **ve**rı wel (**ha**ılı, tu: mʌʧ) əv hım**se**lf (hə:**se**lf)]
Он (она) думает уезжать.	**He (she) is thinking of going away.**	[hı: (ʃı:) ız **θı**ŋkıŋ əv **go**uıŋ ə**we**ı]
думать логически	**think logically**	[θıŋk **lɔ**ʒıkəlı]
придумать	**think up**	[θıŋk ʌp]
Решай сам.	**Think for yourself/**	[θıŋk fɔ jɔ**se**lf]

ЕСТЬ; КУШАТЬ	**EAT – ATE – EATEN – EATING** [ɪ:t] [æ:t] [ɪ:tn] [ɪ:tɪŋ]

SIMPLE

Present	Past	Future
I, we, you, they **eat.** He, she, it **eats.** [ɪ:ts]	I, we, you, they, he, she, it **ate.**	I, we, you, they, he, she, it **will eat.**
Do I, we, you, they **eat**? **Does** he, she, it **eat**?	**Did I, we,** you, they he, she, it **eat**?	**Will** I, we, you, they, he, she, it **eat**?
I, we, you, they **don't eat.** He, she, it **doesn't eat.**	I, we, you, they, he, she, it **didn't eat.**	I, we, you, they, he, she, it **will not (won't) eat**.
c. BE* EATING	*p.* HAVE* EATEN	*p.c.* HAVE* BEEN EATING

(*Usually*) **I eat little** (*twice a day, 3 times a day*).	(Обычно) я ем немного *(дважды в день, 3 раза в день)*.
Yesterday (*3 days ago, last time last Monday*) **I ate this dish.**	*Вчера (3 дня назад, в прошлый раз)* я ела это блюдо.
I have (*just,already*) **eaten today.**	Я *(только что, уже)* поела сегодня.
I had eaten *before the flight*.	Я поел *перед полётом*.
You have been eating *for an hour*.	Ты *уже целый час* ешь.

She was eating slowly (*from 3 till 3.30, at that time*). Она ела медленно *(с 3 до 3.30, в то время).*

еда	**food**	[fu:d]
порция	**portion**	[pɔ:ʃn]
добавка	**addition, side-dish**	[ə**dɪ**ʃn, **sa**ɪd dɪʃ]
мясо	**meat**	[mɪ:t]
мясное	**made of meat**	[**me**ɪd əv **mɪ**:t]
молоко	**milk**	[mɪlk]
молочное	**dairy**	[**də**rɪ]
хлеб	**bread**	[bred]
салат	**salad**	[**sæ**ləd]
овощи	**vegetables**	[**ve**ʒətəblz]
фрукты	**fruit**	[fru:t]
соль	**salt**	[sɔ:lt]
сахар	**sugar**	[**ʃu**gə]
уксус	**vinegar**	[**vɪ**nɪgə]
крупа	**barley**	[**ba**:lɪ]
пирог	**pie, cake**	[**pa**ɪ, **ke**ɪk]
завтрак	**breakfast**	[**bre**kfəst]
обед	**lunch**	[lʌntʃ]
ужин	**dinner**	[**dɪ**nə]
сыр	**yellow cheese**	[**je**lou tʃɪ:z]
творог	**white cheese**	[**wa**ɪt tʃɪ:z]
сметана	**sour cream**	[**sa**uə krɪ:m]
простокваша	**yoghurt**	[**jo**ugət]
чай	**tea**	[tɪ:]
кофе	**coffee**	[**kɔ**fɪ:]
растворимый кофе	**instant coffee**	[**ɪn**stənt **kɔ**fɪ:]
выпить чашку кофе	**have a cup of coffee**	[hæv ə **kʌ**p əv **kɔ**fɪ:]
мороженое	**ice-cream**	[**aɪ**skrɪ:m]

яйцо	**egg**	[eg]
яичница	**fried egg**	[**fra**ıd eg]
печенье	**cookies, biscuit**	[**ku**kı:z, **bı**skıts]
масло	**oil**	[**ɔ**ıl]
сливочное масло	**butter**	[**bʌ**tə]
суп	**soup**	[su:p]
второе блюдо	**second portion**	[**se**kənd pɔ:ʃn]
напиток	**drink**	[drıŋk]
котлеты	**patties**	[**pæ**tı:z]
курица	**chicken**	[**ʧı**kən]
индейка	**turkey**	[**tə**:kı]
тушёное мясо	**roast**	[**ro**ust]
жареное мясо	**steak**	[s**te**ık]
картошка	**potatoes**	[pə**te**ıtouz]
рис	**rice**	[**ra**ıs]
рыба	**fish**	[fıʃ]
селёдка	**pickled herring**	[pıkld **hə**rıŋ]
сосиски	**frankfurters, hot dogs**	[fræŋk**fə:**tə(r)z, hɔt dɔgz]
колбаса	**sausage, salami**	[**sɔ**:sıʒ, sə**la**:mı]
жареная картошка	**french fries**	[frenʧ f**ra**ız]
овощи:	**vegetables:**	[veʒətəblz]
капуста	**cabbage**	[**kæ**bıʒ]
лук	**onion**	[**ʌn**jən]
перец	**pepper**	[**pe**pə]
огурцы	**cucumber(s)**	[**kju**:kəmbə(z)]
помидоры	**tomato(es)**	[tə**ma**:touz]
баклажаны	**eggplants**	[**e**gpla:nts]
кабачки	**squash**	[skwæʃ]
свёкла	**beet**	[bı:t]

морковка	**carrot**	[**kæ**rət]
кукуруза	**corn**	[kɔ:n]
арбуз	**watermelon**	[**wɔ**təmelən]
дыня	**melon**	[**me**lən]
маслины	**olives**	[**ɔ**lɪvz]
фрукты:	**fruit:**	[fru:t]
апельсины	**orange(s)**	[**ɔ**rənʒ(ɪz)]
яблоки	**apple(s)**	[æpl(z)]
грейпфрут	**grapefruit**	[**gre**ɪpfru:t]
бананы	**banana**	[bə**na**:nə]
мандарины	**tangerine(s)**	[**tæ**nʒərɪn(z)]
виноград	**grapes**	[g**re**ps]
груши	**pear(s)**	[**pɪ**əz]
сливы	**plum(s)**	[plʌmz]
персики	**peach(es)**	[**pɪ**:ʧɪz]
орехи	**nuts**	[nʌtz]
семечки	**sunflower seeds**	[**sʌ**nflauə sɪ:dz]
варенье	**jam**	[ʒæm]
выпить стакан сока	**drink a glass of juice**	[drɪŋk ə **glʌ**:s əv **ʒu**:s]
сок...	**juice...**	[ʒu:s]
яблочный	**apple juice**	[**æ**pl ʒu:s]
апельсиновый	**orange ~**	[**ɔ**rənʒ]
виноградный	**grape ~**	[**gre**ɪp]
малиновый	**raspberry ~**	[**ra**:sbərɪ]
лимонный	**lemon ~**	[**le**mən]
пиво	**beer**	[**bɪ**ə]
кола	**coke**	[**kɔ**uk]
лимонад	**lemonade**	[**le**məneɪd]
газировка	**soda water**	[**so**uda **wɔ**tə]
концентрат	**food concentrates**	[fu:d **kɔ**nsəntreɪts]

ЕХАТЬ; ПУТЕШЕСТВОВАТЬ — **TRAVEL – TRAVELLED – TRAVELLED – TRAVELLING**
[trævl] [trævld] [trævld] **[trævlıŋ]**

Present	Past	Future
I, we, you, they **travel.** He, she, it **travels.** [trævlz]	I, we, you, they, he, she, it **travelled.**	I, we, you, they, he, she, it **will travel.**
Do I, we, you, they **travel**? **Does** he, she, it **travel**?	**Did** I, we, you, they he, she, it **travel**?	**Will** I, we, you, they he, she, it **travel**?
I, we, you, they **don't travel.** He, she, it **doesn't travel.**	I, we, you, they, he, she, it **didn't travel.**	I, we, you, they, he, she, it **won't travel.**
*C.*BE* TRAVELLING	*P.*HAVE* TRAVELLED	*P.C.*HAVE* BEEN TRAVELLING

I travel *from time to time* (*very often, seldom, once a month, twice a year*) — Я путешествую *время от времени (очень часто, редко, раз в месяц, дважды в год).*

I travelled much *several years ago* (*last year, last summer*) — Я много путешествовал несколько лет назад (в прошлом году, прошлым летом).

I have travelled *this year* (*this month*).	Я путешествовал *в этом году (в этом месяце)*.
I had travelled much *before you were born*.	Я путешествовал много *до твоего рождения*.
I have been travelling *for 3 months now* (*for a week, since last week, for a long time*).	Я путешествую *уже 3 месяца (уже неделю, с прошлой недели, уже давно)*.
I am travelling with my children.	Я путешествую с детьми.

Куда?	**Where?**	[**we**ə]
к, в	**to**	**[tu:]**
в Англию	**to England**	[tə **ɪŋ**glənd]
в Америку	**to USA**	[tə ju:**na**ɪtɪd **sta**ɪts]
во Францию	**to France**	[tə **fra**:ns]
в Лондон	**to London**	[tə **lʌ**ndən]
из	**from**	**[frɔm]**
из России	**from Russia**	[frɔm **rʌ**ʃə]
с родственниками	**with relatives**	[wɪð **re**lətɪvz]
с друзьями	**with friends**	[wɪð **fre**ndz]
по морю	**by sea**	[**ba**ɪ **sɪ**:]
еду, чтобы...	**I'm travelling**	[aɪm **træ**vlɪŋ]
увидеть	**to see**	[tə **sɪ**:]
посетить, навестить	**to visit**	[tə **vɪ**zɪt]
встретить(ся)	**to meet**	[tə **mɪ**:t]
быстро	**fast**	[fa:st]
медленно	**slowly**	[**slo**ulɪ]
далеко	**far**	[fa:]
близко	**near**	[**nɪ**ə]
автобусом	**by bus**	[**ba**ɪ **bʌ**s]
в машине	**in the car**	[ɪn ðə ka:]

в грузовике	**in the lorry**	[ın ðə **lɔ**rı]
поездом	**by train**	[**ba**ı **tre**ın]
самолётом	**by plane**	[**baı** **ple**ın]
на корабле	**on board the ship, by sea**	[ɔn **bɔ**:d ðə **ʃı**p, **ba**ı **sı**:]
по шоссе	**along the road**	[əlɔŋ ðə **ro**ud]
по (обычному) маршруту	**the same route**	[ðə **se**ım ru:t]
езда, поездка, отъезд	**trip**	[trıp]
пассажир(ы)	**passenger(s)**	[**pæ**sənʒə(z)]
Он едет...	**He's travelling...**	[hız **træ**vlıŋ]
с друзьями	**with friends**	[wıð **fre**ndz]
с этим человеком	**with this man**	[wıð ðıs **mæ**n]
со мной	**with me**	[wıð **mı**:]
с тобой, с вами	**with you**	[wıð **ju**:]
с ним	**with him**	[wıð **hı**m]
с ней	**with her**	[wıð **hə**:]
с нами	**with us**	[wıð **ʌ**s]
с ними	**with them**	[wıð **ðe**m]
в автобусе	**in the bus**	[ın ðə **bʌ**s]
номер	**number**	[**nʌ**mbə]
междугородный автобус	**intertown, intercity bus**	[**ın**tə**ta**un, **ın**tə**sı**tı **bʌ**s]
вокруг	**around**	[ə**ra**und]
через	**across**	[ə**krɔ**s]
по	**over**	[**ou**və]

ЖДАТЬ WAIT – WAITED – WAITED – WAITING
[weɪt] [weɪtɪd] [weɪtɪŋ]

SIMPLE

Present	Past	Future
I, we, you, they **wait.** He, she, it **waits.** [**we**ɪts]	I, we, you, they, he, she, it **waited.**	I, we, you, they, he, she, it **will wait.**
Do I, we, you, they **wait**? Does he, she, it **wait**?	**Did** I, we, you, they, he, she **wait**?	**Will** I, we, you, they, he, she, it **wait**?
I, we, you, they **don't wait.** He, she **doesn't wait**.	I, we, you, they, he, she, it **didn't wait.**	I, we, you, they, he, she, it **will not (won't) wait.**
c. BE* WAITING	*p.* HAVE* WAITED	*p.c.* HAVE* BEEN WAITING

I wait for him at the entrance (*every day, morning, sometimes*) Я жду его у входа *(каждый день, каждое утро, иногда)*

I waited for some seconds and left. Я подождал немного *и ушёл*.

I'll (I will) wait for you if you come. Я подожду тебя, *если ты придёшь*.

I have waited for nothing. Я прождал зря.

I had waited *for an hour* (*for a week*) **but you didn't come.**	Я прождал *час (неделю), но ты не пришёл (не приехал).*
I have been waiting for you since morning (*since yesterday, for a week, for hours*)	Я жду тебя с *утра (со вчерашнего дня, неделю, часами)*
I am waiting for you. Hurry up!	Я жду тебя. Поторопись!

ждать...	**wait...**	[**we**ɪt]
долго...	**for a long time...**	[fɔ:(r) əl**ɔ**ŋ **ta**ɪm]
открытия	**for opening day**	[fɔ:(r) **ou**pnɪŋ **deɪ**]
с утра до вечера	**since morning till evening**	[sɪns **mɔ**:nɪŋ tɪl **ɪ**:vnɪŋ]
напрасно	**in vain**	[ɪn**ve**ɪn]
отправления, отлёта	**for the departure**	[fɔ: ðə dɪ**pa**:ʧə]
прибытия, прилёта	**for the arrival**	[fɔ: ðɪ ə**ra**ɪvl]
начала	**for the beginning**	[fɔ: ðə bɪ**gɪ**nɪŋ]
экскурсии	**of the excursion**	[ɔv ðə ɪks**kə**:ʃn]
работы	**of work**	[ɔv **wə**:k]
открытия	**for opening of the (an)**	[fɔ:(r) **ou**pnɪŋ ɔv ðə (ən)]
выставки	**exhibition**	[eksɪ**bɪ**ʃn]
музея	**museum**	[mju(:)**zɪ**əm]
.банка	**bank**	[bæŋk]
отзыва	**for the recommendation**	[fɔ: ðə **re**kəmen**de**ɪʃ(ə)n]
заключения, резолюции	**conclusion, resolution**	[kən**klu**ʒn, rɪzə**lu**:ʃn]
решения	**decision**	[dɪ**sɪ**ʒn]

врача	**a doctor**	[**fɔ**:rə **dɔ**ktə]
медсестру	**a nurse**	[**fɔ**:rə **nə**:s]
помощи	**for help**	[fɔ: **he**lp]
Я тебя ждал.	**I was waiting for you.**	[aı wɔz **we**ıtıŋ fɔ: ju:]
Подожди минутку!	**Wait a minute!**	[**we**ıt ə**mı**nət]
Он ждал напрасно.	**He waited for nothing.**	[hı: **we**ıtıd fɔ: **nʌ**θıŋ]
ожидание	**waiting**	[**we**ıtıŋ]

ЗАБЫВАТЬ **FORGET – FORGOT – FORGOTTEN – FORGETTING**
[fə**get**] [fə**gɔ**t] [fɔ**gɔ**tn] [fə**get**ıŋ]

SIMPLE

I,we, you, they **forget.** He, she, it **forgets** [fə**get**s].	I, we, you, they, he, she, it **forgot.**	I, we, you, they, he, she, it **will forget.**
Do I, we, you, they **forget**? **Does** he, she, it **forget**?	**Did** I, we, you, they, he, she **forget**?	**Will** I, we, you, they, he, she, it **forget**?
I, we, you, they **don't forget.**	I, we, you, they,	I, we, you, they,

He, she **doesn't forget**	he, she, it **didn't forget**	he, she, it **won't forget**
c. BE* FORGETTING	*p.* HAVE* FORGOTTEN	*p.c.* HAVE* BEEN FORGETTING

I *never* **(***always***) forget it.**	Я *никогда не (всегда)* забываю это.
You forgot that you promised.	Ты забыл, что обещал.
I will not forget it.	Я не забуду это(го).
I have *already* **forgotten about it.**	Я уже забыл об этом.
You are always (constantly) forgetting what you promise.	Ты *всегда (постоянно)* забываешь то, что обещаешь.

Никогда не забывал.	**I never forgot.**	[aɪ **ne**və fə**gɔ**t]
Я почти забыл.	**I almost forgot.**	[aɪ **a**:lmoust fə**gɔ**t]
Я всё забыл.	**I forgot everything.**	[aɪ fə**gɔ**t **e**vrɪθɪŋ]
Забудем прошлое.	**Let's forget what was.**	[lets fə**ge**t wɔt wɔz]
Не забудь!	**Don't forget!**	[**do**unt fə**ge**t]
обычный, ординарный	**common, frequent**	[**kɔ**mɔn, **frɪ**kwənt]
Я забыл...	**I forgot...**	[aɪ fə**gɔt**]
взять	**to take**	[tə **teɪ**k]
дать	**to give**	[tə **gɪ**v]
сделать	**to do**	[tə **du**:]
подписать	**to sign**	[tə **saɪ**n]
об этой встрече	**about this meeting (appointment)**	[ə**ba**ut ðɪs **mɪ**:tɪŋ, ə**pɔ**ɪntmənt]
об этом деле	**about this thing**	[ə**ba**ut ðɪs θɪŋ]
напрочь	**completely**	[kəm**plɪ**:tlɪ]
адрес	**the address**	[ðɪ ə**dre**s]

ключи	**the key**	[ðə **kɪ**:]
документы	**the papers**	[ðə **pe**ɪpəz]
деньги	**money**	[**mʌ**nɪ]
дома	**at home**	[ət **ho**um]
в ящике	**in the box**	[ɪn ðə **bɔ**ks]
на работе	**at work**	[ət **wə**:k]
Не будем забывать, что...	Let's not forget that...	[lets nɔt fə**ge**t ðæt]

ЗАКАЗЫВАТЬ BOOK – BOOKED – BOOKED – BOOKING
[buk] [bukt] [**bu**kɪŋ]

SIMPLE

Present	Past	Future
I, we, you, they **book** He, she, it **books** [buks]	I, we, you, they, he, she, it **booked**	I, we, you, they, he, she, it **will book**
Do I, we, you, they **book**? **Does** he, she, it **book**?	**Did** I, we, you, they, he, she **book**?	**Will** I, we, you, they, he, she, it **book**?
I, we, you, they **don't book** He, she **doesn't book**	I, we, you, they, he, she, it **didn't book**	I, we, you, they, he, she, it **will not (won't) book**
c. BE* BOOKING	*c.* HAVE* BOOKED	*c.* HAVE* BEEN BOOKING

ЗАКАЗЫВАТЬ, БРОНИРОВАТЬ	**RESERVE – RESERVED – RESERVED** [rızə:v] [rızə:vd] **RESERVING** [rızə:vıŋ]

SIMPLE

Present	Past	Future
I, we, you, they **reserve** He, she, it **reserves** [rızə:vz]	I, we, you, they, He, she, it **reserved**	I, we, you, they, he, she, it **will reserve**
Do I, we, you, they **reserve**? **Does** he, she, it **reserve**?	**Did** I, we, you, they, he, she **reserve**?	**Will** I, we, you, they, he, she, it **reserve**?
I, we, you, they **don't reerve** He, she **doesn't reserve**	I, we, you, they, he, she, it **didn't reserve**	I, we, you, they, he, she, it **will not (won't) reserve**
c. BE* RESERVING	*p.* HAVE* RESERVED	*p.c.* HAVE* BEEN RESERVING

ЗАКАЗЫВАТЬ, ПРИКАЗЫВАТЬ	**ORDER – ORDERED – ORDERED – ORDERING** [ɔ:də] [ɔ:dəd] [ɔ:dərıŋ]

SIMPLE

Present	Past	Future
I, we, you, they **order.** He, she, it **orders.** [ɔ:dəz]	I, we, you, they, he, she, it **ordered.**	I, we, you, they, he, she, it **will order.**
Do I, we, you, they **order**? **Does** he, she, it **order**?	**Did** I, we, you, they, he, she **order**?	**Will** I, we, you, they, he, she, it **order**?
I, we, you, they **don't order.** He, she **doesn't order.**	I, we, you, they, he, she, it **didn't order.**	I, we, you, they, he, she, it **will not (won't) order.**
c. BE* ORDERING	*p.* HAVE* ORDERED	*p.c.* HAVE* BEEN ORDERING

I *always* (*sometimes, seldom*) **book the tickets in advance.**	*Я всегда (иногда, редко)* заказываю билеты заранее (заблаговременно).
I reserved two seats for this flight *yesterday* (*the other day, a week ago*)	Я забронировал два места на этот рейс *вчера (на днях, неделю назад)*

I have *just* (*already*) **ordered coffee for two.**	Я *только что* (*уже*) заказал кофе на двоих.
I had reserved a room for two *before you called* (*by 7 p.m.*)	Я забронировал двухместный номер *перед тем, как ты позвонила* (*к 7 вечера*)
Now **I am reserving seats by phone.**	*Сейчас* я заказываю места по телефону.

Я заказал...	**I booked, reserved...**	[aɪ bukt, rɪ**zə:**vd]
билет(ы)	**tickets**	[**tɪ**kɪts]
на самолёт	**for the plane**	[fɔ: ðə **ple**ɪn]
на поезд	**for the train**	[fɔ: ðə **tre**ɪn]
на экскурсию	**for the excursion**	[fɔ: ðə ɪks**kə:**ʃn]
в кино	**to the movie**	[tə ðə **mu**:vɪ]
в театр	**to the theater**	[tə ðə **θɪ**ətə]
Я заказал разговор...	**I placed a call to...**	[aɪ **ple**ɪst ə **kɔ:l** tə]
на 1-ое октября	**for the 1-st of October**	[fɔ: ðə **fə**:st əv ək**to**ubə]
на 8 час. утра	**for 8 a.m.**	[fɔ:(r)**e**ɪt **e**ɪ æm]
на 11 час утра	**for 11 a.m.**	[fɔ:(r)ɪ**le**vn **e**ɪ.em]
на 6 час. вечера	**for 6 p.m.**	[fɔ: **sɪ**ks pɪ. em]
на 3 час ночи	**for 3 at night**	[fɔ: **θrɪ**: ət **naɪ**t]
заказное письмо	**a registered letter**	[ə**re**ʒɪstəd **le**tə]
Я заказал...	**I ordered...**	[aɪ **ɔ**dəd]
завтрак	**breakfast**	[**bre**kfəst]
обед	**lunch**	[lʌnʧ]
ужин	**dinner**	[**dɪ**nə]
чашку кофе	**a cup of coffee**	[ə**kʌ**p əv **kɔ**fɪ]
с пирожным	**with cake**	[wɪð **keɪ**k]
салат	**salad**	[**sæ**ləd]
несколько сэндвичей	**some sandwiches**	[sʌm **sæ**nwɪʧɪz]

ЗАКРЫВАТЬ(СЯ) **CLOSE – CLOSED – CLOSED – CLOSING**
[**klo**uz] [**klo**uzd] [**klo**uzɪŋ]
SHUT – SHUT – SHUT – SHUTTING
[ʃʌt] [ʃʌt] [**ʃʌ**tɪŋ]

SIMPLE

Present	Past	Future
I, we, you, they **close, shut.** He, she, it **closes, shuts.** [**klo**uzɪz] [ʃʌts]	I, we, you, they, he, she, it **closed, shut.**	I, we, you, they, he, she, it **will close, shut.**
Do I, we, you, they **close, shut**? **Does** he, she, it **close, shut**?	**Did** I, we, you, they, he, she **close, shut**?	**Will** I, we, you, they, he, she, it **close, shut**?
I, we, you, they **don't close, shut.** He, she **doesn't close, shut.**	I, we, you, they, he, she, it **didn't close, shut.**	I, we, you, they, he, she, it (won't) **close, shut.**
c. BE* CLOSING, SHUTTING	*p.* HAVE* CLOSED, SHUT	*p.c.* HAVE* BEEN CLOSING

I *always* (*sometimes, seldom, often,* **never**) **close the room.**	*Я всегда (иногда, редко, часто, никогда не)* закрываю комнату.
I shut the door *and left*.	Я закрыл дверь *и ушёл.*
I have closed all the boxes *before moving* (*today, this week, just now*)	Я закрыл все ящики *перед отъездом (сегодня, на этой неделе*, только что)
I had closed all the doors *before we left*.	Я закрыл все двери *перед тем, как уйти.*
I am closing the shop *now* (*right now*)	Я (*прямо*) *сейчас* закрываю магазин.

ЗВОНИТЬ **RING – RANG – RUNG – RINGING**
[rɪŋ] [ræŋ] [rʌŋ] [**r**ɪŋɪŋ]
CALL – CALLED – CALLED – CALLING
[kɔ:l] [kɔ:ld] [**k**ɔ:lɪŋ]
PHONE – PHONED – PHONED – PHONING
[**fo**un] [**fo**und] [**fo**unɪŋ]

SIMPLE

Present	Past	Future
I, we, you, they **call, phone, ring**	I, we, you, they,	I, we, you, they,
He, she, it **calls, phones, rings** [kɔ:lz] [**fo**unz] [rɪŋz]	he, she, it **called, phoned, rang**	he, she, it **will call, phone, ring**

Do I, we, you, they **call, phone, ring**?	**Did** I, we, you, they,	**Will** I, we, you, they,
Does he, she, it **call, phone, ring**?	he, she **call, phone, ring**?	he, she, it **call, phone, ring**?
I, we **don't call, phone, ring**	I, we,	I, we,
you, they **don't call, phone, ring**	you, they,	you, they,
He, she **doesn't call, phone, ring**	he, she, it **didn't call, phone, ring**	he, she, it **will not (won't) call, phone, ring**
c. BE* CALLING, PHONING, RINGING	*p.* HAVE* CALLED, PHONED, RUNG	*p.c.* HAVE* BEEN CALLING, PHONING, $RINGING

I call them *every day* **(***twice a day, 3 times a week, very often***)**	Я звоню им *каждый день* (*дважды в день, 3 раза в неделю, очень часто*)
You phoned me *two minutes ago* **(***last week, the other day***)**	Ты звонил мне *две минуты назад* (*на прошлой неделе, на днях*)
I have already called you *today* **(***this week, this month***)**	Я уже звонил Вам *сегодня* (*на этой неделе, в этом месяце*)
You had called me *before I sent the letter***.**	Вы позвонили мне *до того, как я отправил письмо.*

I have been ringing *for half an hour* (*for two hours, 20 minutes, since morning, all day long, for a long time*) — Я звоню уже *полчаса* (*два часа, 20 минут, с утра, весь день, уже давно*)

I am calling *now* (*right now*). — Я звоню (прямо) сейчас.

Я тебе позвоню...	**I'll call you (I'll ring you up)...**	[a**ı**l kɔ:l ju: (a**ı**l rıŋ ju: ʌp)]
позднее	**later**	[**le**ıtə]
Я ему звонил...	**I called (phoned) him...**	[a**ı** kɔ:ld (**fo**und) hım]
перезвонил	**called him back**	[kɔ:ld hım bæk]
вчера	**yesterday**	[**je**stədı]
позавчера	**the day before yesterday**	[ðə **deı** bı**fɔ**: **je**stədı]
сегодня утром	**this morning**	[ðıs **mɔ**:nıŋ]
в обед	**in the afternoon**	[ın ðə **a**:**f**tənu:n]
вечером	**in the evening**	[ın ðə **ı**:**v**nıŋ]
много раз	**many times**	[**me**nı **taı**mz]
безрезультатно	**I failed to call him**	[aı **feı**ld tə **kɔ**:l hım]
Звонил, чтобы...	**I called him to...**	[aı kɔ:ld hım tə]
объяснить	**explain**	[ıks**ple**ın]
назначить встречу	**make an appointment**	[**meı**k ən ə**pɔ**ıntmənt]
договориться	**settle things, agree**	[setl Θıŋz, ə**grı**:]
звонок	**a call**	[ə**kɔ**:l]
Давайте созвонимся.	**Let's get in touch.**	[lets get ın **tʌ**ʧ]
номер телефона	**phone number**	[**fo**un **nʌ**mbə]

ИДТИ, ХОДИТЬ, ЕХАТЬ, НАМЕРЕВАТЬСЯ *(сделать что-то)* — **GO – WENT – GONE – GOING** [**go**u] [went] [gɔn] [**go**uɪŋ]

SIMPLE

Present	Past	Future
I, we, you, they **go** He, she, it **goes** [**go**uz]	I, we, you, they, he, she, it **went**	I, we, you, they, he, she, it **will go**
Do I, we, you, they **go**? **Does** he, she, it **go**?	**Did** I, we, you, they, he, she **go?**	**Will** I, we, you, they, he, she, it go ?
I, we, you, they **don't go** He, she **doesn't go**	I, we, you, they, he, she, it **didn't go**	I, we, you, they, he, she, it **will not (won't) go**
c. BE* GOING	*p.* HAVE* GONE	*p.c.* HAVE* BEEN GOING

I go to the office *every day* (*twice a week, a month, sometimes*) — Я хожу в учреждение *каждый день* (*2 раза в неделю, месяц, иногда*)

I went to the market *yesterday* (*two days ago*) — Я ходил на рынок *вчера* (*два дня назад*)

I have (*already, just*) **gone to the post office.** — Я (*уже, только что*) сходил на почту.

You had gone *before he came.*	Вы ушли *до того, как пришёл он.*
I have been going from street to street looking for the hotel.	Я перехожу с улицы на улицу, ищу эту гостиницу.
I am going to the university (*now, at the moment*)	Я иду в университет (*сейчас, в данный момент*)

идти	**to go**	[tə **go**u]
куда?	**Where to?**	[**wə**e tu:]
на, к, в	**to**	[tu:]
от	**from**	[frɔm]
в город	**to the town (city)**	[tə ðə **ta**un]
в центр	**to the center**	[tə ðə **se**ntə]
в универмаг	**to the supermarket**	[tə ðə **sju**:pəma:kɪt]
в полицию	**to the police**	[tə ðə **pɔ**lɪs]
в больницу	**to the hospital**	[tə ðə **hɔ**spɪtəl]
в армию	**to the army**	[tə ðə **a**:mɪ]
в парикмахерскую	**to the barber shop, salon**	[tə ðə **ba**:bə ʃɔp, səl**ɔ**n, (**sæ**lən)]
на кухню	**to the kitchen**	[tə ðə kɪʧn]
в столовую	**to the dining-room**	[tə ðə **da**ɪnɪŋ ru:m]
в спальню	**to the bedroom**	[tə ðə **be**dru:m]
в комнату	**to the room**	[tə ðə **ru**:m]
в сад	**to the garden, park**	[tə ðə **ga**:dn, pa:k]
на пляж	**to the beach**	[tə ðə **bɪ**:ʧ]
в бассейн	**to the pool**	[tə ðə **pu**:l]
в банк	**to the bank**	[tə ðə **bæ**ŋk]
на почту	**to the post office**	[tə ðə **po**ust **ɔ**fɪs]
к зубному врачу	**to the dentist**	[tə ðə **de**ntɪst]
к служащему	**to the clerk**	[tə ðə **kla**:k]
к учителю	**to the teacher**	[tə ðə **tɪ**:ʧə]

к начальнику	**to the manager**	[tə ðə **mæ**nəʒə]
к остановке автобуса	**to the bus stop**	[tə ðə **bʌ**s stɔp]
далеко	**far**	[fa:]
близко	**near**	[**nɪ**ə]
медленно	**slowly**	[**slo**ulɪ]
быстро	**fast, quickly**	[fa:st] [**kwɪ**klɪ]
направо	**right**	[**ra**ɪt]
налево	**left**	[left]
вокруг	**around**	[ə**ra**und]
делать	**to do**	[tə **du**:]
взять что-нибудь	**to take something**	[tə **te**ɪk **sʌ**mθɪŋ]
купить	**to buy**	[tə **ba**ɪ]
кушать	**to eat**	[tə **ɪ**:t]
мыться	**to wash up**	[tə **wɔ**ʃ ʌp]
отдать	**to return**	[tə rɪ**tə**:n]
отдохнуть	**to rest**	[tə **re**st]
пить...	**to drink...**	[tə drɪŋk]
сок	**juice**	[ʒu:s]
воду	**water**	[**wɔ**tə]
получить	**to get, receive**	[tə **ge**t, tə rɪ**sɪ**:v]
проверить	**to check**	[tə **ʧe**k]
слушать...	**to listen to...**	[tə lɪsn tu(ə)]
радио	**the radio**	[ðə **re**ɪdɪou]
новости	**the news**	[ðə **nju**:z]
спать	**to sleep (to bed)**	[tə **slɪ**:p (tə **be**d)]
убрать	**to clean**	[tə **klɪ**:n]
читать	**to read**	[tə **rɪ**:d]
что-нибудь поесть	**to eat something**	[tə **ɪ**:t **sʌ**mθɪŋ]
в душ	**to the shower**	[tə ðə **ʃa**uə]

Я собираюсь организовать, устроить, привести в порядок	**I'm going to arrange**	[aɪm gouɪŋ tə əreɪnʒ]
взять...	**to take...**	[tə teɪk]
это	**it**	[ɪt]
мои вещи	**my things**	[maɪ θɪŋz]
деньги	**money**	[mʌnɪ]
ссуду	**loan**	[loun]
тетрадку	**a copybook**	[əkɔpɪbuk]
записную книжку	**a notebook**	[ənout.buk]
комнату	**a room**	[əru:m]
протокол решения суда	**court proceedings**	[kɔ:t prəsɪ:dɪŋz]
Я собираюсь...	**I'm going to...**	[aɪm gouɪŋ tə]
сделать это	**do it**	[du: ɪt]
написать	**write**	[raɪt]
войти	**go in**	[gou ɪn]
выйти	**go out**	[gou aut]
уйти	**go away**	[gou əweɪ]
подниматься	**go up**	[gou ʌp]
спускаться	**go down**	[gou daun]

ИМЕТЬ * **HAVE – HAD – HAD – HAVING ***
[hæv] [hæd] [**hæ**vıŋ]

Present	Past	Future
I,we, you, they **have...** He, she, it **has...**	I,we, you, they, he, she, it **had...**	I,we, you, they, he, she, it **will have...**
Have I, you, they... **Has** he, she...	**Had** I, we, you, they, he, she, it...	**Shall** I, we, **have...** **Will** you, he, she, they **have...**
I, we, you, they **have not (haven't)...**	I, we, you, they,	I, we **shall not have**...
He, she **has not (hasn't)...**	he, she **had not (hadn't)**....	you, he, she, they **will not (won't) have**...

Следующие формы глагола **have** *не употребительны с другими глаголами*:

Do I, you, we, they **have**... **Does** he, she **have.**	**Did** I, we, you, he, she, it, they **have...**	
I, you, we, they **don't have...** He, she, **doesn't have...**	I, we, you, he, she, it, they **didn't have...**	
с. не употребляется	*р.* HAVE HAD	*р.с.* не употребляется

У меня нет (не было)...	**I have (had) no...**	[aı hæv (hæd) nou]
слов	**words**	[wə:dz]
идеи (понятия не имею)	**idea**	[aı**dı**ə]

терпения возиться (иметь дело с детьми)	**patience to deal with children**	[**pə**ɪʃəns tə **dɪ**:l wɪð **ʧɪ**ldrən]
сомнения (я не сомневаюсь)	**no doubt**	[**no**u **da**ut]
У него (у неё)...	**He (she)has ...**	[hɪ: (ʃɪ:) hæz]
голубые глаза	**blue eyes**	[blu: **a**ɪz]
плохая память	**a bad memory**	[ə **bæ**d **mə**mərɪ]
прекрасный вкус	**a fine taste**	[ə **fa**ɪn **tə**ɪst]
музыкальный слух	**an ear for music**	[ən**ɪ**ə fɔ: **mju**:zɪk]
великолепное здоровье	**perfect health**	[**pə**:fəkt həlΘ]
чувство юмора	**a sense of humo(u)r**	[ə**sə**ns ɔv **hju**:mə]
Это было здорово!	**I've had a real good time!**	[**a**ɪv hæd ə**rɪ**əl gud **ta**ɪm]
У вас есть (Нет ли у вас)...	**Do you have (Don't you have)...**	[du ju: hæv (**do**unt ju: hæv)]
чая или кофе на завтрак?	**tea or coffee for breakfast?**	[tɪ: ɔ: **kɔ**fɪ fɔ: **brə**kfəst]
свободных комнат в гостинице?	**free (spare) rooms in the hotel?**	[frɪ: (**spə**ə) ru:mz ɪn ðə hou**tə**l]
билетов на следующий рейс?	**tickets for the next flight?**	[**tɪ**kɪts fɔ: ðə **nə**kst **fla**ɪt]
время помочь мне?	**time to help me?**	[**ta**ɪm tə **hə**lp mɪ:]
какие-нибудь проблемы?	**any problems?**	[ə**n**ɪ **prɔ**bləmz]
персональный компьютер дома?	**a personal computer at home?**	[ə**pə**:sənəl kəm**pju**:tə(r) ət **ho**um]

У него, у неё (было)...	**He, she has (had)...**	[hı: (ʃı:) hæz (hæd)]
много хлопот (проблем)	**a lot of trouble, a lot of problems**	[ə**lɔ**t əv **trʌ**bl, ə**lɔ**t əv **prɔ**bləmz]
с его (её) детьми	**with his (her) children**	[wıð hız (hə:) **ʧı**ldrən]
на работе	**at work**	[ət **wə**:k]
с директором	**with the manager**	[wıð ðə **mæ**nəʒə]
с его (ее) коллегами	**with his (her) the colleagues**	[wıð hız (hə:) ðə **kɔ**lıgz]
минута...	**a minute...**	[ə **mı**nət]
чтобы спросить	**to ask a question**	[tə **a**:sk ə**kwə**sʧn]
чтобы ответить	**to answer**	[tə **a**:nsə]
Всего наилучшего!	**Have a good time!**	[hæv ə gud **ta**ım]
У нас было землетрясение в прошлом месяце.	**We had an earthquake last month.**	[wı: hæd ən **ə**:θkweık la:st mʌnθ]
Я хочу приятно провести вечер.	**I want to have a pleasant evening**	[aı wɔnt tə **hæ**v ə**ple**zənt **ı:**vnıŋ]
Что будете пить, есть?	**What will you have?**	[wɔt wıl ju: hæv]
Ещё чаю?	**Will you have another cup of tea?**	[wıl ju: hæv ə**nʌ**ðə kʌp əv **tı**:]

завтракать	**to have breakfast [brekfəst]**
(иметь) второй завтрак	**to have lunch [lʌntʃ]**
обедать	**to have dinner [dınə]**
ужинать	**to have supper [sʌpə(r)]**
проявлять жалость (сострадание) к кому-либо	**to have pity [pıtı] (compassion) for somebody**
задумать, иметь в виду, помнить	**to have in mind [tə hæv ın maınd]**

ИМЕТЬ РАЗРЕШЕНИЕ, ИМЕТЬ ВОЗМОЖНОСТЬ, МОЖЕТ БЫТЬ, МОЧЬ	**MAY – MIGHT**
(ПРЕДПОЛОЖЕНИЕ; ВЕРОЯТНОСТЬ; ВОЗМОЖНОСТЬ; РАЗРЕШЕНИЕ)	[meɪ] [maɪt]
ИМЕТЬ РАЗРЕШЕНИЕ	**BE ALLOWED**
(В БУДУЩЕМ ВРЕМЕНИ)	[bɪ: əlaud]

SIMPLE

Present	Past	Future
I, we, you, they, he, she, it **may**	I, we, you, they, he, she, it **might**...	I, we, you, they, he, she, it **will be allowed**
May I, we, you, they, he, she...?	**Might** I, we, you, they, he, she, it ...?	**Will** I, we, you, they, he, she, it **be allowed**
I, we, you, they , he, she **may not**	I, we, you, they, he, she, it **might not**	I, we, you, they, he, she, it **won't be allowed**
с. не употребляется	*р.* HAVE* BEEN ALLOWED TO...	*р.с.* не употребляется

Возможно, будет дождь.	**It may rain.**	[ɪt **meɪ reɪn**]
Он может опоздать на поезд	**He may miss the train**	[hɪ: **meɪ** mɪs ðə **treɪn**]

Возможно, он заблудился.	**He may have lost his way.**	[hɪ: **me**ɪ hæv **lɔ**st hɪz **we**ɪ]
Было что-то около полуночи.	**It might be about midnight.**	[ɪt **ma**ɪt bɪ: ə**ba**ut **mɪ**dnaɪt]
Может быть, это правда.	**It may be true.**	[ɪt **me**ɪ bɪ: tru:]
Может быть, Вы правы.	**May be you are right.**	[**me**ɪ bɪ: ju: a: **ra**ɪt]
Это может...	**It may...**	[ɪt **me**ɪ]
изменить всё	**change everything**	[**ʧe**ɪnʒ **ev**rɪΘɪŋ]
случиться	**happen**	[hæpn]
повлиять	**influence**	[**ɪn**fluəns]
не повлиять	**not influence**	[nɔt **ɪn**fluəns]
ни на что не повлиять	**influence nothing**	[**ɪn**fluəns **nʌ**Θɪŋ]
Это ничего не изменит.	**Change nothing.**	[**ʧe**ɪnʒ **nʌ**Θɪŋ]
Почерк, может быть, и его, а подпись нет	**The handwriting may be his, but the signature is not.**	[ðə **hæ**ndraɪtɪŋ **me**ɪ bɪ: hɪz bʌt ðə **sɪ**gnəʧə ɪz nɔt]
Можно задать Вам вопрос?	**May I ask you a question?**	[**me**ɪ aɪ a:(æ)sk ju: ə **kwe**sʧn]
Можно войти?	**May I come in?**	[**me**ɪ aɪ kʌm ɪn]
Можно ему уйти?	**May he go?**	[**me**ɪ hɪ: **go**u]
если можно так выразиться	**if I may say so**	[ɪf aɪ **me**ɪ seɪ **so**u]
Да сопутствует вам счастье (успех)!	**May you be happy (successful)!**	[**me**ɪ ju: bɪ: **hæ**pɪ, sək**se**sful]
Желаю вам дожить до этого счастливого дня!	**May you live to see this happy day!**	[**me**ɪ ju: lɪv tə sɪ: ðɪs **hæ**pɪ deɪ]

Вы ещё об этом пожалеете!	**May you live to repent it!**	[**me**ɪ ju: lɪv tə rɪ**pe**nt ɪt]
может быть	**maybe**	[**me**ɪbɪ]
может да, может нет	**maybe yes, maybe no**	[**me**ɪbɪ jes **me**ɪbɪ nou]
Он может...	**He may...**	[hɪ: **me**ɪ]
опоздать	**be late**	[bɪ: **le**ɪt]
войти	**come in**	[kʌm ɪn]
прийти	**come**	[kʌm]
уйти	**leave**	[lɪ:v]
слушать	**listen to**	[lɪsn tu:]
согласовать	**settle with**	[setl wɪð]
сказать	**say**	[seɪ]
заблудиться	**lose his way**	[lu:z hɪz **we**ɪ]
быть спокоен	**be calm**	[bɪ: ca:m]
быть счастлив	**be happy**	[bɪ: **hæ**pɪ]
быть уверен	**be sure**	[bɪ: **ʃu**ə]
Могу (ли) я...	**May I...**	[**me**ɪ **a**ɪ]
спросить Вас (о)?	**ask you (about)?**	[æsk ju: ə**ba**ut]
войти?	**come in?**	[kʌm ɪn]
присутствовать?	**be present?**	[bɪ: **pre**zənt]
остаться	**stay?**	[s**te**ɪ]

ИСКАТЬ LOOK FOR – LOOKED – LOOKED – LOOKING

[luk fɔ:] [lukt] [lukɪŋ]

SIMPLE

Present	Past	Future
I, we, you, they **look for** He, she, it **looks for** [luks fɔ:]	I, we, you, they, he, she, it **looked for**	I, we, you, they, he, she, it **will look for**
Do I, we you, they **look for**? **Does** he, she, it **look for**?	**Did** I, we, you, they, he, she **look for**?	**Will** I, we, you, they, he, she, it **look for**?
I, we, you, they **don't look for** He, she **doesn't look for**	I, we, you, they, he, she, it **didn't look for**	I, we, you, they, he, she, it **will not (won't) look for**
c. LOOKING FOR	*p.* HAVE* LOOKED FOR	*p.c.* HAVE* BEEN LOOKING FOR

I **look for** my glasses every day.	Я ищу свои очки каждый день.
I **looked for** this picture *many years ago*.	Я искал эту картину *много лет назад*.
I **have** *already* **looked for** it everywhere.	Я уже везде искал это.
You **have been searching for** your papers *since morning* (*for an hour*)	Ты ищешь свои бумаги (документы) *с утра (час уже)*

You **are** *always* **looking for** your textbooks. *Вечно* ты ищешь свои учебники.

обыск, поиски	**search for**	[sə:ʧ fɔ:]
искать...	**look for...**	[luk fɔ:]
подходящую работу	**suitable work (job)**	[**sju**:təbl wə:k (dʒɔb)]
поликлинику	**clinic**	[**klı**nık]
банк	**bank**	[bæŋk]
универмаг	**supermarket**	[**sju**:pəma:kıt]
лавочку	**grocery**	[**gro**usərı]
автобусную остановку	**bus stop**	[bʌs stɔp]
что-нибудь подходящее	**something suitable**	[**sʌ**mΘlŋ **sju**:təbl]
этого человека	**this person**	[ðls pə:sn]
Ты меня ищешь?	**Are you looking for me?**	[a: ju: **lu**kıŋ fɔ: **mı**:]
Ты его искал?	**Did you look for him?**	[dld ju: luk fɔ: hım]
Ты ищешь работу?	**Are you looking for work?**	[a: ju: **lu**kıŋ fə wə:k]
Я его разыскиваю многие годы.	**I've been looking (searching) for him for years.**	[aıv bı:n **lu**kıŋ (**sə**:ʧıŋ) fə hım fɔ: **je**əz]
Что ты ищешь?	**What are you looking for?**	[wɔt a: ju: **lu**kıŋ fɔ:]
Где?	**Where?**	[**we**ə]
Где находится...?	**Where is?**	[**we**ərlz]
полиция	**police**	[pə**lı**:s]
гараж	**garage**	[gə**ra**:ʒ]
больница	**hospital**	[**hɔ**spıtəl]

школа	**school**	[sku:l]
мэрия	**municipality**	[**mju**nɪsɪ**pæ**lɪtɪ]

ИСПОЛЬЗОВАТЬ, ПОЛЬЗОВАТЬСЯ — **USE – USED – USED – USING** [ju:z] [ju:zd] [**ju:**ziŋ]

SIMPLE

Present	Past	Future
I, we, you, they **use.** He, she, it **uses.** [**ju:**ziz]	I, we, you, they, he, she, it **used.**	I, we, you, they, he, she, it **will use.**
Do I, we you, they **use**? **Does** he, she, it **use**?	**Did** I, we, you, they, he, she **use**?	**Will** I, we, you, they, he, she, it **use**?
I, we, you, they **don't use.** He, she **doesn't use.**	I, we, you, they, he, she, it **didn't use.**	I, we, you, they, he, she, it **will not (won't) use.**
c. BE* USING	*p.* HAVE* USED FOR	*p.c.* HAVE* BEEN USING

We **use** gas in our everyday life. Мы используем газ в повседневной жизни.

I **used** their telephone (library) Я пользовался их телефоном (библиотекой)

I **have used** all the eggs for this omelet.	Я изспользовал все яйца на этот омлет.
– Will you give me your pen?	– Дайте мне, пожалуйста, Вашу ручку.
– Sorry, but I **am using** it at the moment.	– Извините, но она мне сейчас нужна.

Он использует..	**He uses...**	[hı: **ju:**zız]
любую возможность	**every opportunity**	[**ev**rı əpə**tju**:nıtı]
туристские чеки	**travellers cheques**	[**træ**vələz ʧeks]
Он ссылается на Ваше имя.	**your name.**	[jɔ: **neı**m]
Он привык...	**He used to be.**	[hi: ju:zd tə bi:]
к одиночес тву	**alone**	[ə**lo**un]
к активной деятельности	**active**	[**æ**ktıv]
быть пассивным	**passive**	[**pæ**sıv]
организованным	**organized**	[**ɔ**:gənaızd]
Я привык гулять.	**I used to walk.**	[**a**ı ju:zd tə **wɔ**:k]
по утрам, каждый день, по воскресеньям	**in the morning, every day, on Sundays**	[ın ðə **mɔ**:nıŋ, **ev**rı **deı**, ɔn **sʌ**ndız]
Какой смысл жаловаться?	**What is the use of complaining?**	[wɔts ðə ju:s əv kəmp**le**ınıŋ]

КУРИТЬ **SMOKE – SMOKED – SMOKED –**
[**smo**uk] [**smo**ukt]
SMOKING
[**smo**ukıŋ]

SIMPLE

Present	Past	Future
I, we, you, they **smoke.** He, she, it **smokes.** [**smo**uks]	I, we, you, they, he, she, it **smoked.**	I, we, you, they, he, she, it **will smoke.**
Do I, we, you, they **smoke**? **Does** he, she, it **smoke**?	**Did** I, we, you, they, he, she, it **smoke**?	**Will** I, we, you, they, he, she, it **smoke** ?
I, we, you, they **don't smoke.** He, she, it **doesn't smoke.**	I, we, you, they, he, she, it **didn't smoke.**	I, we, you, they, he, she, it **will not (won't) smoke.**
C. BE* SMOKING	*P.* HAVE* SMOKED	*P.C.* HAVE* BEEN SMOKING

You **smoke** a lot (*every day*). Ты много куришь *(каждый день)*.

I **smoked** *5 years ago* (*when I was younger*). Я курил *5 лет назад (когда был моложе)*.

I **have smoked** (only) 2 packs of cigarettes *today* (*this week*).	Я выкурил только 2 пачки *сигарет сегодня (на этой неделе).*
I **had smoked** *before you came.*	Я накурился *до твоего прихода.*
You **have been smoking** *since morning* (*for 3 hours now*).	Ты куришь *с утра (уже 3 часа).*
I **am smoking** *now.*	Я *сейчас* курю.

Ты много куришь.	**You smoke a lot, you are a heavy smoker.**	[ju: **smo**uk əlɔt, ju: a:(r) ə**he**vı **smo**ukə]
три пачки в день	**three packs a day**	[θrı: pæks ə**de**ı]
курение вредно	**smoking isn't healthy, it is harmful**	[**smo**ukıŋ ıznt **he**lθı, ıt ız **ha**:mful]
дым, дымка	**smoke**	[**smo**uk]
копчёная селёдка	**smoked fish**	[**smo**ukt fıʃ]
закопчёный, покрытый копотью	**smoked**	[**smo**ukt]
дымит, как паровоз	**smokes like a chimney**	[**smo**uks **laı**k ə**ʧı**mnı]
комната для курения	**smoking-room**	[**smo**ukıŋ ru:m]

ЛЕЖАТЬ LIE – LAY – LAIN – LYING [laɪ] [leɪ] [leɪn] [laɪɪŋ]

SIMPLE

Present	Past	Future
I, we, you, they **lie.** He, she, it **lies.** [laɪz]	I, we, you, they, he, she, it **lay.**	I, we, you, they, he, she, it **will lie.**
Do I, we, you, they **lie**? **Does** he, she, it **lie**?	**Did** I, we, you, they, he, she, it **lie**?	**Will** I, we, you, they, he, she, it **lie**?
I, we, you, they **don't lie.** He, she **doesn't lie.**	I, we, you, they, he, she, it **didn't lie.**	I, we, you, they, he, she, it **will not (won't) lie.**
c. BE* LYING	*p.* HAVE* LAIN	*p.c.* HAVE* BEEN LYING

Dogs **lie** on the floor.	Собаки лежат на полу.
I **lay down** to rest.	Я прилёг отдохнуть.
I **have lain** on the couch *for a week* (*for a couple of days*)	Я провалялся на диване *неделю* (*пару дней*)
I **had lain** on the grass *for an hour before I started my work again*.	Я пролежал час на траве *до того, как снова приступил к своей работе*.
You **have been lying** *for hours* (doing nothing).	Ты валяешься (лежишь) *часами* (ничего не делая).
I am lying down.	Я лежу.

слой	**layer**	[**le**ɪə]
ложе	**bed**	[bed]
лежание	**lying position**	[**la**ɪɪŋ pə**zɪ**ʃn]
лёжа	**while lying down**	[**wa**ɪl **la**ɪɪŋ **da**un]
лежать...	**to lie...**	[tə**la**ɪ]
немного	**for a while**	[fərə**wa**ɪl]
долго	**for a long time**	[fərə**lɔ**ŋ **ta**ɪm]
в одиночестве	**alone**	[ə**lo**un]
в углу	**in the corner**	[ɪn ðə **kɔ**:nə]
в выдвижном ящике	**in a drawer**	[ɪn ə **drɔ**:(r)]
в постели	**in bed**	[ɪn bed]
на земле	**on the ground**	[ɔn ðə **gra**und]
на доске	**on the board**	[ɔn ðə bɔ:d]
на полу	**on the floor**	[ɔn ðə flɔ:]
в грязи	**in the mud**	[ɪn ðə **mʌ**d]
в ванне	**in the bath**	[ɪn ðə **ba**:θ]
на солнце	**in the sun**	[ɪn ðə sʌn]
на пляже	**on the shore, on the beach**	[ɔn ðə **ʃɔ**:, ɔn ðə **bɪ**:ʧ]
в тени	**in the shade**	[ɪn ðə **ʃeɪ**d]
дома	**at home, in the house**	[ət **ho**um, ɪn ðə **ha**us]
в больнице	**in the hospital**	[ɪn ðə **hɔ**spɪtəl]
ночью	**at night**	[ət **na**ɪt]
днём	**during the day**	[**dju**ərɪŋ ðə **deɪ**]

ЛЮБИТЬ LOVE – LOVED – LOVED – LOVING

[lʌv] [lʌvd] [lʌviŋ]

SIMPLE

Present	Past	Future
I, we, you, they **love.** He, she, it **loves.** [lʌvz]	I, we, you, they, he, she, it **loved.**	I, we, you, they, he, she, it **will love.**
Do I, we, you, they **love**? **Does** he, she it **love**?	**Did** I, we, you, they, he, she, it **love**?	**Will** I, we, you, they, he, she, it **love**?
I, we, you, they **don't love.** He, she **doesn't love.**	I, we, you, they, he, she, it **didn't love.**	I, we, you, they, he, she, it **will not (won't) love.**
с. не употребляется	*р.* HAVE* LOVED	*р.с.* не употребляется

I **love** my dear baby. — Я люблю моего дорогого малыша.

I **loved** her at first sight. — Я полюбил её с первого взгляда.

I **will** *always* **love** you. — Я *всегда* буду любить тебя.

любовь	**love**	[lʌv]
любовник	**lover**	[lʌvə]

любимый	**loved, beloved, dear, darling**	[lʌvd, bɪ**lʌ**vd, **dɪ**ə, **da**:lɪŋ]
любимый мой	**my love**	[**ma**ɪ lʌv]
влюблённый в	**in love with**	[ɪn lʌv wɪð]
влюблённая пара	**loving couple, pair of lovers**	[**lʌ**vɪŋ kʌpl, **pə**(r) əv **lʌ**vəz]
влюбляться	**fall in love with**	[fɔ:l ɪn lʌv wɪð]
смотреть влюблённо	**look with eyes full of love**	[luk wɪð aɪz ful əv **lʌ**v]
люблю тебя (его, её)	**I love you (him, her)**	[aɪ lʌv ju: (hɪm, hə:)]
люблю	**I like**	[aɪ **la**ɪk]
гулять	**to walk**	[tə **wɔ**:k]
ходить пешком	**to go by foot**	[tə **go**u **ba**ɪ **fu**:t]
путешествовать	**to travel**	[tə **trɑ**vl]
поговорить	**to talk, to have a chat**	[tə **tɔ**:k, tə **hɑ**v ə**ʧɑ**t]
танцевать	**dancing**	[**dɑ**nsɪŋ]
ходить в кино	**to go to the movies**	[tə **go**u tə ðə **mu**:vɪ:z]
в музеи	**to museums**	[tə mju**zɪ**əmz]
в театр	**to the theatre**	[tə ðə **θɪ**ətə]
на пляж	**to the beach**	[tə ðə **bɪ**:ʧ]
загорать	**to lie in the sun**	[tə **la**ɪ ɪn ðə **sʌ**n]
хорошее вино	**good wine**	[gud **wa**ɪn]
любить слепо	**to love blindly**	[tə lʌv **bla**ɪndlɪ]

МОЧЬ (БЫТЬ В СОСТОЯНИИ) — **CAN – COULD; – BE ABLE –** ЗАМЕНИТЕЛЬ **CAN** В БУДУЩЕМ ВРЕМЕНИ

[kæn] [kud] [bɪ: eɪbl]

SIMPLE

Present	Past	Future
I, we, you, they, he, she, it **can**	I, we, you, they, he, she, it **could**...	I, we, you, they, he, she, it **will be able to ...**
Can I, we, you, they, he, she...?	**Could** I, we, you, they, he, she, it ...?	**Will** I, we, you, they, he, she, it **be able** to...?
I, we, you, they , he, she **can not (can't)**	I, we, you, they, he, she, it **couldn't**	I, we, you, they, he, she, it **won't be able to**
с. не употребляется	*р*. не употребляется	*р*. *с*. не употребляется

Он сделает всё, что сможет.	**He will do all he can.**	[hɪ: wɪl du: ɔ:l hɪ: kæn]
Он не смог прийти вчера.	**He could not come yesterday.**	[hɪ: kud nɔt kʌm **je**stədɪ]
Может ли он пойти туда?	**Can (may) he go there?**	[kæn (**me**ɪ) hɪ: **go**u **ðe**ə]
Я могу подождать.	**I can wait.**	[aɪ kæn **we**ɪt]

Я не смогу прийти завтра.	**I won't be able to come tomorrow.**	[aɪ **wo**unt bɪ: **e**ɪbl tə kʌm tə**mɔ**rou]
Автобусом вы туда не доедете.	**You can't go there by bus.**	[ju: kænt **go**u **ðe**ə **ba**ɪ bʌs]
Откуда вы знаете?	**How can you tell?**	[**ha**u kæn ju: tel]
Он бежал изо всех сил.	**He ran as quickly as he could.**	[hɪ: ræn əz **kwɪ**klɪ əz hɪ: **ku**d]
Я умею плавать.	**I can swim.**	[aɪ kæn swɪm]
Сколько ей может быть лет?	**How old can she be?**	[hau **o**uld kæn ʃɪ: bɪ:]
Она не умеет готовить.	**She can't cook.**	[ʃɪ: kænt kuk]
Он (она...) может...	**He (she...) can...**	[hɪ: (ʃɪ:) kæn]
сделать это	**do it**	[do ɪt]
выполнить задание	**fulfill the task**	[ful**fɪ**l ðə **ta**:sk]
принести	**bring**	[brɪŋ]
открыть	**open**	[**o**upn]
закрыть	**close, shut**	[**klo**uz, ʃʌt]
прийти	**come**	[kʌm]
приехать	**arrive, come**	[ə**ra**ɪv]
подождать	**wait**	[**we**ɪt]
согласовать	**settle**	[setl]
посмотреть	**look**	[luk]
просмотреть	**look through**	[luk θru:]
оценить	**appreciate**	[ə**prɪ**ʃieɪt]
дать отзыв	**give a reference to somebody**	[gɪv ə**re**frəns tə **sʌ**mbədɪ]
решить	**decide, make up his (her) mind**	[dɪ**sa**ɪd, **me**ɪk **ʌ**p hɪz (hə:)...**ma**ɪnd]
помнить	**remember**	[rɪ**me**mbə]

приготовить	**prepare**	[prɪ**pə**]
приготовиться	**get ready**	[get **re**dɪ]
отложить	**postpone**	[pəst**po**un]
сказать	**say**	[**se**ɪ]
Можете ли вы...?	**Can you?**	[kæn ju:]
Не могли бы вы...?	**Could you?**	[kud ju:]
Как вы можете (могли)?	**How can (could) you?**	[hau kæn (kud) ju:]
Я не могу...	**I can't...**	[aɪ ka:(æ)nt]
Я не смогу.	**I will not (won't) be able**	[aɪ wɪl nɔt (**wo**unt) bɪ: **e**ɪbl]

МЫТЬ WASH – WASHED – WASHED – WASHING

[wɔʃ] [wɔʃt] [**wɔ**ʃɪŋ]

SIMPLE

Present	Past	Future
I, we, you, they **wash.** he, she, it **washes.** [**wɔ**ʃɪz]	I, we, you, they, he, she, it **washed.**	I, we, you, they he, she, it **will wash.**
Do I, we, you, they **wash**? **Does** he, she, it **wash**?	**Did** I, we, you, they, he, she, it **wash**?	**Will** I, we, you, they, he, she, it **wash**?
I, we,	I, we,	I, we,

you, they **don't wash.**	you, they,	you, they,
He, she, it **doesn't wash.**	he, she, it **didn't wash.**	he, she, it **won't wash.**
c. BE* WASHING	*p.* HAVE* WASHED	*p.c.* HAVE* BEEN WASHING

I **wash** windows *every month* (*once a week*)	Я мою окна *каждый месяц* (*раз в неделю*)
I **washed** the car *yesterday* (*an hour ago*)	Я (вы)мыл машину *вчера* (*час назад*)
I **have** (*already, just*) **washed it today (this week)**	Я (*уже, только что*) вымыл её сегодня (на этой неделе)
I **had washed** it *by the end of the week* (*before painting*)	Я вымыл её *к концу недели (перед тем, как красить)*
I **have been washing** the linen since morning (*for 3 hours, all day long*).	Я стираю бельё с утра *(уже три часа, весь день)*
I **am washing** my clothes *now.*	Я стираю *сейчас* свою одежду.

Помой посуду:	**Wash the dishes:**	[wɔʃ ðə **dɪ**ʃɪz]
вилки	**forks**	[fɔ:ks]
ложки	**spoons**	[spu:nz]
ложечки	**teaspoons**	[**tɪ**:spu:nz]
тарелки	**plates**	[p**le**ɪts]
нож(и)	**knife (knives)**	[**na**ɪf, **naɪ**vz]
миски	**bowls**	[**ba**ulz]
кастрюли	**pots**	[pɔts]
сковородки	**frying pans**	[**fra**ɪɪŋ pænz]
стаканы	**glasses**	[**glæ(a:)**sɪz]

чашки	**cups**	[kʌps]
рюмки	**small wine cups**	[smɔl **waɪ**n kʌps]
противень	**baking tray/sheet**	[**be**ɪkɪŋ t**re**ɪ, ʃɪ:t]
подносы	**trays**	[**tre**ɪz]
чайник...	**kettle...**	[ketl]
чисто-чисто	**very clean**	[**ve**rɪ klɪ:n]
с горячей водой	**in hot water**	[ɪn hɔt **wɔ**tə]
с мылом	**with soap**	[wɪð **so**up]
щёткой	**with a brush**	[wɪð ə **brʌ**ʃ]
мочалкой, губкой	**with a sponge**	[wɪð ə **spɔ**nʒ]
тёплой водой	**in tepid (warm) water**	[ɪn **te**pɪd (wɔ:m) **wɔ**tə]
холодной водой	**in cold water**	[ɪn **ko**uld **wɔ**tə]
утром	**in the morning**	[ɪn ðə **mɔ**:nɪŋ]
вечером	**in the evening**	[ɪn ðə **ɪ:v**nɪŋ]
после обеда	**after lunch**	[**a**:ftə lʌntʃ]
Сполоснул, вымыл...	**I rinsed (washed)...**	[aɪ rɪnsd (wɔʃt)]
глаза	**my eyes**	[**ma**ɪ aɪz]
руки	**my hands**	[**ma**ɪ hændz]
лицо	**my face**	[**ma**ɪ **fe**ɪs]
ноги	**my legs (feet)**	[**ma**ɪ legz, fɪ:t]
под душем	**under the shower**	[**ʌn**də ðə **ʃa**uə]
под краном	**under the faucet**	[**ʌn**də ðə **fɔ**:sɪt]
перед едой	**before meals**	[bɪ**fɔ**: mɪ:lz]
перед обедом	**before lunch**	[bɪ**fɔ**: lʌntʃ]
стирать бельё	**to wash the laundry**	[tə wɔʃ ðə **lɔ**ndrɪ]
вытирать полотенцем	**to wipe with the towel**	[tə **wa**ɪp wɪð ðə **ta**uəl]
купание	**bathing**	[**be**ɪðɪŋ]
баня	**bath-house**	[ba:θ **ha**us]

купаться в ванной	**to bathe** **in the bathroom**	[tə **beɪ**ð] [ɪn ðə **ba**:θru:m]

НАЙТИ — FIND – FOUND – FOUND – FINDING
[**fa**ɪnd] [**fa**und] [**fa**ɪndɪŋ]

SIMPLE

Present	Past	Future
I, we, you, they **find.** He, she, it **finds.** [faɪndz]	I, we, you, they, he, she, it **found**	I, we, you, they he, she, it **will find**
Do I, we, you, they **find**? **Does** he, she, it **find**?	**Did** I, we, you, they, he, she, it **find**?	**Will** I, we, you, they, he, she, it **find**?
I, we, you, they **don't find.** He, she, it **doesn't find.**	I, we, you, they, he, she, it **didn't find.**	I, we, you, they, he, she, it **won't find.**
c. не употребляется	*P.* HAVE* FOUND	*p.c.* не употребляется

I **find** it interesting.	Я нахожу это интересным.
I **found** it in the street *yesterday* (*a week ago*)	Я нашёл это на улице *вчера* (*неделю назад*)
I **will find** you the article.	Я найду тебе эту статью.
I **have found** it *at last*.	Я нашёл её, *наконец*.

I **had found** the paper just *before you came in.* — Я нашёл этот документ как раз *перед тем, как ты вошёл.*

найти...	**to find...**	[tə **fa**ınd]
это место	**this place**	[ðıs **ple**ıs]
этот адрес	**this address**	[ðıs ədr**e**s]
чей-либо адрес	**the address of**	[ðə əd**re**s əv]
дорогу, способ	**the way**	[ðə **we**ı]
форму	**the form**	[ðə **fɔ**:m]
быть найденым	**be found**	[bı: **fa**und]
не найдено	**It hasn't been found**	[ıt hæznt bı:n **fa**und]
документ не нашли	**The document wasn't found**	[ðə **dɔ**kjument wɔznt **fa**und]
Он оказался в...	**He found himself in...**	[hı: **fa**und hım**se**lf ın]
находка	**a find**	[ə**fa**ınd]
Я ничего не нахожу.	**I don't find anything.**	[aı **do**unt **faı**nd **e**nıΘıŋ]
Что ты в ней нашёл?	**What did you find in her?**	[wɔt dıd ju: **faı**nd ın hə:]
Где находится...	**Where is...**	[**we**ərız]
мотель	**a motel**	[ə mou**te**l]
гостиница	**a hotel**	[ə hou**te**l]
какой-нибудь ресторан	**a restaurant**	[ə **re**strɔ:ŋ]
туристическое агенство	**a tour agency**	[ə **tu**ə(r) **eı**ʒənsı]
справочное бюро	**the information desk**	[ðə ınfə**me**ıʃn desk]
университет	**the university**	[ðə junı**və**:sıtı]
экскурсионный автобус	**an excursion bus**	[ən ıks**kə**:ʃn bʌs]

автобус на	**the bus to**	[ðə **bʌ**s tə...]
Лондон	**London**	[**lʌ**ndən]
Оксфорд	**Oxford**	[**ɔ**ksfɔrd]]
в аэропорт	**to the airport**	[tə ðə **eə**pɔ:t]
в центр города	**to the center of the city**	[tə ðə **se**ntə əv ðə **sɪ**tɪ]
узнать, выяснить, разыскать	**find out**	[**fa**ɪnd **au**t]

ОБУЧАТЬ, ПРЕПОДАВАТЬ — TEACH – TAUGHT – TAUGHT – TEACHING

[tɪ:ʧ] [tɔ:t] [**tɪ**:ʧɪŋ]

SIMPLE

Present	Past	Future
I, we, you, they **teach.** he, she, it **teaches.** [**tɪ:**ʧɪz]	**I, we,** you, they, he, she, it **taught.**	**I, we,** you, they he, she, it **will teach.**
Do I, we, you, they **teach**? **Does** he, she, it **teach**?	**Did** I, we, you, they, he, she, it **teach**?	**Will** I, we, you, they, he, she, it **teach**?
I, we, you, they **don't teach.**	I, we, you, they,	I, we, you, they,

He, she, it **doesn't teach.**	he, she, it **didn't teach.**	he, she, it **won't teach.**
с. BE* TEACHING	*р.* HAVE* TAUGHT	*р.с.* HAVE* BEEN TEACHING

I **teach** English.	Я преподаю английский язык.
I **taught** French *many years ago* (*last year*)	Я преподавала французский *много лет назад* (*в прошлом году*)
I **have taught** at the university for 15 years (*for many years, for a long time*)	Я проработала преподавателем в университете *15 лет* (*много лет, долго*)
I **had taught** *for 25 years before I left the country.*	Я преподавала *25 лет перед тем, как уехала из страны.*
I **have been teaching** at the college *since last year* (*for a month only*)	Я преподаю в колледже с *прошлого года* (*всего месяц*)
I **am teaching** for a living (*now*).	Я зарабатываю себе на жизнь уроками (*сейчас*).

обучение	**teaching**	[**tɪ**:ʧɪŋ]
обучать..	**to teach...**	[tə tɪ:ʧ]
вождению	**driving**	[**dra**ɪvɪŋ]
английскому языку	**English**	[**ɪn**glɪʃ]
рисованию	**drawing**	[**drɔ**:ɪŋ]
игре на пианино	**playing the piano**	[**pleɪ**ŋ ðə **pjæ**nou]
на скрипке	**the violin**	[ðə **va**ɪə**lɪ**n]
виолончели	**cello**	[**ʧe**lou]
гитаре	**the guitar**	[ðə gɪ**ta**:]

флейте	**flute**	[flu:t]
математике	**mathematics**	[mæθəmætıks]
физике	**physics**	[fızıks]
химии	**chemistry**	[kemıstrı]
биологии	**biology**	[baıɔlɔʒı]
истории	**history**	[hıstərı]
его (её)	**him (her)**	[hım, hə:]
успешно	**successfully**	[səksesfəlı]
безуспешно	**unsuccessfully**	[ʌnsəksesfəlı]
долгое время	**for a long time**	[fɔ:(r)ə lɔŋ taım]
некоторое время	**for a while**	[fɔ:(r)ə waıl]
за короткий срок	**for a short time**	[fɔ:(r)ə ʃɔ:t taım]
ученик	**a pupil, a student**	[ə pju:pl, ə stju:dənt]
учебник(и)	**school book(s)**	[sku:l buks]
образованный	**educated**	[edjukeıtıd]
Я ему покажу! (проучу)	**I'll teach him a lesson!**	[aıl tı:ʧ hım əlesn]

ОСТАВАТЬСЯ, ОСТАНОВИТЬСЯ **REMAIN – REMAINED – REMAINED – REMAINING**
[rɪmeɪn] [rɪmeɪnd] [rɪmeɪnɪŋ]
STAY – STAYED – STAYED – STAYING
[steɪ] [steɪd] [steɪɪŋ]

SIMPLE

Present	Past	Future
I, we, you, they **stay.** he, she, it **stays.** [steɪz]	I, we, you, they, he, she, it **stayed.**	I, we, you, they he, she, it **will stay.**
Do I, we, you, they **stay**? **Does** he, she, it **stay**?	**Did** I, we, you, they, he, she, it **stay**?	**Will** I, we, you, they, he, she, it **stay**?
I, we,you, they **don't stay.** He, she, it **doesn't stay.**	I, we, you, they, he, she, it **didn't stay.**	I, we, you, they, he, she, it **won't stay.**
c. BE* STAYING	*p.* HAVE* STAYED	*p.c.* HAVE* BEEN STAYING

Let's **stay** at the hotel. — Давайте остановимся в гостинице.

I **stayed** at my parents. — Я остался у родителей *на пару дней* (*вчера, неделю назад*)

I **remained** abroad. — Я остался за границей.

You **have stayed** in the wrong place.	Вы остановились не в том месте.
I **had stayed** there *till you called me*.	Я оставался там, *пока Вы мне не позвонили*.
I **have been staying** here *since morning* (*for an hour, for a long time, for about 20 minutes*)	Я здесь нахожусь *уже с утра* (*час, давно, минут 20*)
I **am staying** with you.	Я остаюсь с тобой.

оставаться...	**to stay...**	[tə s**teɪ**]
в автобусе	**in the bus**	[ɪn ðə **bʌ**s]
в дороге	**on the road (way)**	[ɔn ðə **ro**ud (**weɪ**)]
в классе	**in the classroom**	[ɪn ðə **kla**:sru:m]
на остановке	**at the bus stop**	[ət ðə **bʌ**s stɔp]
на работе	**at work**	[ət **wə**:k]
в конторе	**in the office**	[ɪn ðə **ɔ**fɪs]
в магазине	**in the store**	[ɪn ðə stɔ:]
дома	**at home**	[ət **ho**um]
снаружи	**outside**	[**au**tsaɪd]
внутри	**inside**	[**ɪn**saɪd]
с друзьями	**with friends**	[wɪð **fre**ndz]
с семьёй	**with the family**	[wɪð ðə **fæ**mɪlɪ]
с детьми	**with the children**	[wɪð ðə **ʧɪ**ldrən]
с женой	**with his wife**	[wɪð hɪz **wa**ɪf]
с мужем	**with her husband**	[wɪð hə: **hʌ**zbənd]
с родителями	**with our parents**	[wɪð **au**ə **pe**ərənts]
ничего не осталось	**nothing remained**	[**nʌ**θɪŋ rɪ**me**ɪnd]
осталось чуть-чуть	**a little remained**	[ə**lɪ**tl rɪ**me**ɪnd]
Я остался один.	**I remained alone.**	[aɪ rɪ**me**ɪnd ə**lo**un]
Не оставайся здесь.	**Don't stay here.**	[**do**unt s**te**ɪ **hɪ**ə]

осталось сделать...	**It is left to be done...**	[ɪt ɪz left tə bɪ: dʌn]
большую часть	**the most part**	[ðə **mo**ust pa:t]
ещё капельку	**a bit more**	[ə**bɪ**t mɔ:]
Не осталось и следа.	**Not a trace remained.**	[nɔt ə**tre**ɪs rɪ**me**ɪnd]
остальное	**the rest**	[ðə **re**st]
всё остальное	**all the rest**	[ɔ:l ðə **re**st]
остаток	**remainder, rest**	[rɪ**me**ɪndə, rest]

ОТВЕЧАТЬ ANSWER – ANSWERED – ANSWERED – ANSWERING

[a:(æ)nsə] [a:(æ)nsəd] [a:(æ)nserɪŋ]

SIMPLE

Present	Past	Future
I, we, you, they **answer.** he, she, it **answers.** [**a:(æ)**nsəz]	I, we, you, they, he, she, it **answered.**	I, we, you, they he, she, it **will answer.**
Do I, we, you, they **answer**? **Does** he, she, it **answer**?	**Did** I, we, you, they, he, she, it **answer**?	**Will** I, we, you, they, he, she, it **answer**?
I, we, you, they **don't answer.**	I, we, you, they,	I, we, you, they,

He, she, it **doesn't answer.**	he, she, it **didn't answer.**	he, she, it **won't answer.**
c. BE* ANSWERING	*p.* HAVE* ANSWERED	*p.c.* HAVE* BEEN ANSWERING

I **answer** questions *every day* (*twice a week, on Wednesdays*)	Я отвечаю на вопросы *ежедневно* (*2 раза в неделю, по средам*)
I **answered** your questions (*yesterday, 5 minutes ago*)	Я ответил на ваши вопросы (*вчера, 5 минут назад*)
Soon (*tomorrow, next time*) I **will answer** your questions.	*Скоро* (*завтра, в следующий раз*) я отвечу на ваши вопросы.
You **have** (*already*) **answered** my letters (at last).	Вы (*уже*) ответили на мои письма (*наконец-то*).
I **had answered** him *by the end of the week* (*day, month, by 4 p.m.*)	Я ответил ему *к концу недели (дня, месяца, к 4 пополудни)*
I **have been answering** his letters *for a week now.*	Я отвечаю на его письма *уже неделю.*
I **am answering**. Listen!	Я отвечаю. Слушай!

отвечать...	**answer, reply...**	[**a:n**sə, rı**pla**ı]
правильно	**correctly**	[kə**re**ktlı]
неправильно	**incorrectly**	[ınkə**re**ktlı]
точно	**precisely**	[prı**sa**ıslı]
неточно	**imprecisely**	[ımprı**sa**ıslı]
быстро	**quickly**	[**kwı**klı]
медленно	**slowly**	[**slo**ulı]
поспешно	**impulsively**	[ım**pʌ**lsıvlı]
нарочно	**on purpose**	[ɔn **pə**:pəs]

прямо	**straight**	[st**re**ɪt]
случайно	**by chance**	[**baɪ ʧa**:(æ)ns]
намёком	**hintingly**	[**hɪ**ntɪŋlɪ]
другими словами	**in other words**	[ɪn **ʌ**ðə wə:dz]
косвенно	**indirectly**	[ɪndɪ**re**ktlɪ]
вежливо	**politely**	[pə**la**ɪtlɪ]
резко	**sharply**	[**ʃa**:plɪ]
ответил...	**answered, replied...**	[**a:n**səd, rɪ**plaɪ**d]
положительно	**in the affirmative**	[ɪn ðə ə**fə**:mətɪv]
отрицательно	**in the negative**	[ɪn ðə **ne**gətɪv]
ответ	**answer, reply**	[**a:n**sə, rɪ**plaɪ**]
его ответ был...	**His answer was...**	[hɪz **a:n**sə wɔz]
положительным	**affirmative**	[ə**fə**:mətɪv]
отрицательным	**negative**	[**ne**gətɪv]

ОТКРЫВАТЬ OPEN – OPENED – OPENED – OPENING
[oupn] [oupnd] [oupnɪŋ]

SIMPLE

Present	Past	Future
I, we, you, they **open.** he, she, it **opens.** [oupnz]	I, we, you, they, he, she, it **opened.**	I, we, you, they he, she, it **will open.**
Do I, we, you, they **open**? **Does** he, she, it **open**?	**Did** I, we, you, they, he, she, it **open**?	**Will** I, we, you, they, he, she, it **open**?
I, we, you, they **don't open.** He, she, it **doesn't open.**	I, we, you, they, he, she, it **didn't open.**	I, we, you, they, he, she, it **won't open.**
c. BE* OPENING	*p.* HAVE* OPENED	*p.c.* HAVE* BEEN OPENING

I always (*seldom, sometimes*) **open** the window here.	Я *всегда* (*редко, иногда*) открываю окна здесь.
I **opened** the door *5 minutes ago*.	Я открыл дверь *5 минут назад*.
I **have** (*just*) **opened** all the windows.	Я (*только что*) открыл все окна.
I **had opened** the doors *before they came and knocked*.	Я открыл все окна *до того, как они пришли и постучали*.

I am opening the windows. Close the door, please. Я открываю окна. Закройте дверь, пожалуйста.

Открой...	**Open...**	[**o**upn]
дверь	**the door**	[ðə **dɔ**:]
окно	**the window**	[ðə **wɪ**ndou]
коробку	**the box**	[ðə **bɔ**ks]
Открой...	**Open...**	[**o**upn]
контору	**the office**	[ðə **ɔ**fɪs]
магазин	**the store**	[ðə **stɔ**:]
ключом	**with the key**	[wɪð ðə kɪ:]
случайно	**by chance**	[**ba**ɪ **ʧæ**(a:)ns]
рано	**early**	[**ə**:lɪ]
поздно	**late**	[**le**ɪt]
немедленно	**immediately**	[ɪ**mɪ**dɪətlɪ]
Не открывай.	**Don't open.**	[**do**unt **o**upn]
Открытие...	**The opening of...**	[ðə **o**upnɪŋ əv]
выставки	**exhibition**	[ðə eksɪ**bɪ**ʃn]
книжной ярмарки	**a book fair**	[ə**bu**k **fe**ə]
Олимпийских игр	**the Olympic games**	[ðə ə**lɪ**mpɪk **ge**ɪmz]
сезона	**the season**	[ðə sɪ:zn]
купального сезона	**the bathing season**	[ðə **be**ɪðɪŋ sɪ:zn]
театрального сезона	**the theater season**	[ðə **θɪ**ətə **sɪ**:zn]
Когда открывается?	**When does it open?**	[wen dʌz ɪt **o**upn]
Пожалуйста, откройте.	**Please open.**	[plɪ:z **o**upn]
ключ	**key**	[kɪ:]
открывалка	**opener**	[**ou**pnə]

ПИСАТЬ WRITE – WROTE – WRITTEN – WRITING
[raɪt] [rout] [rɪtn] [raɪtɪŋ]

SIMPLE

Present	Past	Future
I, we, you, they **write.** he, she, it **writes.** [raɪts]	I, we, you, they, he, she, it **wrote.**	I, we, you, they he, she, it **will write.**
Do I, we, you, they **write**? **Does** he, she, it **write**?	**Did** I, we, you, they, he, she, it **write**?	**Will** I, we, you, they, he, she, it **write**?
I, we, you, they **don't write.** He, she, it **doesn't write.**	I, we, you, they, he, she, it **didn't write.**	I, we, you, they, he, she, it **won't write.**
c. BE* WRITING	*p.* HAVE* WRITTEN	*p.c.* HAVE* BEEN WRITING

I **write** in my notebook *every day* (*once a week*)	Я пишу в записной книжке *каждый день* (*раз в неделю*)
I **wrote** him a letter *yesterday* (*a week ago*)	Я написал ему письмо *вчера* (*неделю назад*)
I **have** (*just, already*) **written** the letter (*today, this week, month*)	Я (*только что, уже*) написал письмо (*сегодня, на этой неделе, в этом месяце*)
I **had written** her the letter *before you sent her the fax.*	Я написал ей письмо *до того, как ты отправил ей факс.*

I **have been writing** *the whole week* (*since last week, Monday, Friday*)	Я пишу *всю неделю* (*с прошлой недели, понедельника, пятницы*)
I **am writing** it *now* (*at the moment*)	Я пишу это *сейчас* (*в данный момент*)

Пиши ясно печатными буквами.	**Write clearly in printed letters.**	[**raı**t **klı**əlı] [ın **prı**ntıd **le**təz]
написано	**It is written**	[ıt ız rıtn]
было написано	**it was written**	[ıt wɔz rıtn]
переписка	**correspondence**	[kɔrıs**pɔ**ndəns]
письмо	**a letter**	[ə**le**tə]
предписание	**direction(s), instruction(s)**	[dı**re**kʃn(z), ınstr**ʌ**kʃn(z)]
почерк	**handwriting**	[**hæ**ndraıtıŋ]
журнал	**magazine**	[**mæ**gəzı:n]
корреспондент, журналист	**correspondent**	[kɔrıs**pɔ**ndənt]
корреспонденция	**mail, correspondence**	[**me**ıl, kɔrıs**pɔ**ndəns]
машинистка	**typist**	[**ta**ıpıst]
адрес:	**address:**	[**əd**res]
имя и фамилия	**name and surname**	[**ne**ım ənd **sə**:neım]
улица и номер дома	**street, number of the house**	[strı:t, **nʌ**mbə əv ðə **ha**us]
город	**town, city**	[**ta**un, **sı**tı]
страна	**country**	[**kʌ**ntrı]
записать	**to write (put) down**	[tə **ra**ıt (put) **da**un]
заказное письмо	**a registered letter**	[ə **re**ʒıstəd **le**tə]
запись	**note**	[**no**ut]

Ты записал?	**Did you write?**	[dɪd ju: **ra**ɪt]
Запиши мне номер машины.	**Put it down for me number of the car.**	[put ɪt **da**un fə **mɪ**: **nʌ**mbə əv ðə **ka**:]

ПИТЬ DRINK – DRANK – DRUNK – DRINKING
[drɪŋk] [dræŋk] [drʌŋk] [**drɪ**ŋkɪŋ]

SIMPLE

Present	Past	Future
I, we, you, they **drink** he, she, it **drinks** [drɪŋks]	I, we, you, they, he, she, it **drank**	I, we, you, they, he, she, it **will drink**
Do I, we, you, they **drink** **Does** he, she, it **drink**?	**Did** I, we, you, they, he, she, it **drink?**	**Will** I, we, you, they, he, she, it **drink**?
I, we, you, they **don't drink** He, she, it **doesn't drink**	I, we, you, they, he, she, it **didn't drink**	I, we, you, they, he, she, it **won't drink**
c. BE* DRINKING	*p.* HAVE* DRUNK	*p.c.* HAVE* BEEN DRINKING

I (*often, rarely*) **drink** coffee *every morning* (every *day, every two hours*)	Я (*часто, редко*) пью кофе каждое утро (*каждый день, каждые два часа*)

I drank a lot *yesterday* (*the other day*)	Я пил много *вчера* (*на днях*)
I **have** (*just*) **drunk** a cup of milk.	Я (*только что*) выпил чашку молока.
I **had drunk a cup of tea** *before I took* the medicine.	Я выпил чашку чая *перед тем, как* принял лекарство.
I **have been drinking** since morning (*for an hour*)	Я пью с утра (*уже час*)
I **am drinking** coffee at the moment.	Сейчас я пью кофе.

напитки:	**beverages, drinks:**	[**be**vərɪʒɪz, drɪŋks]
вода	**water**	[**wɔ**tə]
малиновый напиток	**raspberry drink**	[**ra**:sbərɪ drɪŋk]
молоко	**milk**	[mɪlk]
брэнди	**brandy**	[**bræ**ndɪ]
водка	**vodka**	[**vɔ**dkə]
коньяк	**cognac**	[**kɔ**njæk]
вино	**wine**	[**waɪ**n]
Я хочу пить.	**I want to drink, I'm thirsty.**	[**a**ɪ wɔnt tə **drɪ**ŋk, aɪm **θə**:stɪ]
Я выпью что-нибудь.	**I'll drink something.**	[**a**ɪl drɪŋk **sʌ**mθɪŋ]
Летом много пьют	**Шn summer one drinks a lot.**	[ɪn **sʌ**mə wʌn drɪŋks ə**lɔ**t]
Дай мне попить.	**Let me drink.**	[let mɪ: drɪŋk]
Налей мне сок:	**Pour me juice:**	[pɔ: mɪ:... ʒu:s]
апельсиновый	**orange**	[**ɔ**rɪnʒ]
виноградный	**grape**	[g**re**ɪp]
грейпфрутовый	**grapefruit**	[**gre**ɪpfru:t]
лимонный	**lemon**	[**le**mən]

томатный	**tomato**	[tə**ma**:təu]
яблочный	**apple**	[æpl]
пиво	**beer**	[**bɪ**ə(r)]

ПЛАТИТЬ

PAY – PAID – PAID – PAYING
[peɪ] [peɪd] [peɪŋ]

SIMPLE

Present	Past	Future
I, you, we they **pay.**	I, you, we, they,	I, you, we, they,
He, she, it **pays.** [**pe**ɪz]	he, she, it **paid.**	he, she, it **will pay.**
Do I, you, we they **pay**?	**Did** I, you, we they,	**Will** I, you, we, they,
Does he, she, it **pay**?	he, she, it **pay**?	he, she, it **pay**?
I, you, we, they **don't pay.**	I, you, we, they,	I, you, we, they,
He, she, it **doesn't pay.**	he, she, it **didn't pay.**	he, she, it **will not (won't) pay.**
c. BE* PAYING	*p.* HAVE* PAID	*p.c.* HAVE* BEEN PAYING

I *always* **pay** (in) cash.	Я *всегда* расплачиваюсь наличными.
Yesterday I **paid** him by cheque.	*Вчера* я заплатил ему чеком.
I **have** (*just, already*) **paid**.	Я (*только что, уже*) расплатился.

I **had paid** *before you came in.*	Я заплатил *перед тем, как ты вошёл.*
I **have been paying** him *for years now* (*since last month, week*)	Я плачу ему *уже 2 года* (*с прошлого месяца, с прошлой недели.)*
I **was paying** *when he came in.*	Я расплачивался, *когда он вошёл.*

платёж	**payment**	[**pe**ımənt]
Я платил...	**I paid...**	[aı **pe**ıd]
сразу	**at once**	[ət **wʌ**ns]
наличными	**in cash**	[ın **kæ**ʃ]
чеком	**by check (=cheque)**	[**baı ʧe**k]
по счёту	**the bill**	[ðə **bı**l]
в фунтах стерлингов	**in pound sterling**	[ın **pa**und **stə**:lıŋ]
(иностранной) валютой	**in (foreign) currency**	[ın **fɔ**rın **kʌ**rənsı]
мелкой монетой	**in small change**	[ın smɔ:l **ʧeı**nʒ]
возвратить долг	**to pay back**	[tə **pe**ı **bæ**k]
Сколько я должен заплатить?	**How much do I pay?**	[**ha**u mʌʧ du aı **pe**ı]
Плати в кассу!	**Pay at the cashier**	[**peı** ət ðə **kæ**ʃır]
Я заплатил всю сумму.	**I paid the full amount.**	[aı **pe**ıd ðə ful ə**ma**unt]
Можно платить в рассрочку?	**Is it possible to pay in (by) installments?**	[ız ıt **pɔ**sıbl tə **pe**ı ın (**ba**ı) ıns**tɔ**:lmənts]
Ты ещё поплатишься за это!	**You'll pay for this yet!**	[ju:l **pe**ı fɔ: ðıs jet]

Уже уплачено.	**It's been already paid for.**	[ɪts bɪːn ɔːl**re**dɪ **pe**ɪd fɔː]
расплатиться долларами	**to pay in dollars**	[tə **pe**ɪ ɪn **dɔ**ləz]

ПОКУПАТЬ, КУПИТЬ — BUY – BOUGHT – BOUGHT – BUYING [**baɪ**] [bɔt] [bɔt] [**baiŋ**]

SIMPLE

Present	Past	Future
I, we, you, they **buy.** he, she, it **buys.** [**ba**ɪs]	I, we, you, they, he, she, it **bought.**	I, we, you, they he, she, it **will buy.**
Do I, we, you, they **buy**? **Does** he, she, it **buy**?	**Did** I, we, you, they, he, she, it **buy**?	**Will** I, we, you, they, he, she, it **buy**?
I, we, you, they **don't buy.** He, she, it **doesn't buy.**	I, we, you, they, he, she, it **didn't buy.**	I, we, you, they, he, she, it **won't buy.**
c. BE* BUYING	*p.* HAVE* BOUGHT	*p.c.* HAVE* BEEN BUYING

I **buy** books *once a week* (*once a month*)	Я покупаю книги *раз в неделю* (*раз в месяц*)
You **bought** them *a week ago* (*yesterday*)	Он купил их неделю назад (*вчера*)

I **have already bought** this books *today.*	Я *уже* купил эту книгу *сегодня*.
I **had bought** these books *yesterday by 7 p.m.*	Я купил эти книги *вчера в 7 часов.*
You **have been buying** books *since last year*?	Ты покупал книги *в течении последнего года*?
I **am buying** a book *now*.	Я покупаю книгу *сейчас*

Я хочу купить...	**I want to buy...**	[ı wɔnt tə **ba**ı]
лосьон для тела	**body lotion**	[**bə**dı **lo**uʃn]
косметику	**cosmetics**	[kɔz**me**tıks]
помаду	**lipstick**	[**lıp**stık]
духи	**perfume**	[pə**fju**:m]
шампунь	**shampoo**	[ʃæ**mpu:**]
мыло	**soap**	[**so**up]
защитный крем	**suntan lotion**	[**sʌ**ntæn **lo**uʃn]
продукты:	**food:**	**[fu:d]**
хлеб	**bread**	[bred]
фрукты	**fruit**	[fru:t]
мясо	**meat**	[mı:t]
молочные продукты	**milk products**	[mılk prə**dʌ**kt]
овощи	**vegetables**	[**ve**ʒətəblz]
портфель	**a bag**	[ə bæg]
все необходимое	**everything that's necessary**	[**e**vrıΘıŋ ðæts **ne**səsərı]
радио	**record**	[**re**kəd]
книги	**books**	[buks]
что-нибудь поесть	**something to eat**	[**sʌ**mΘıŋ tə ı:t]
скатерть	**a tablecloth**	[ə **te**ıblklɔΘ]

одежда:	**clothing:**	[**klo**uðɪŋ]
сапоги	**boots**	[bu:ts]
пальто	**a coat**	[ə **ko**ut]
шляпа	**a hat**	[ə **hæ**t]
джинсы	**jeans**	[ʒɪ:nz]
трусы	**pants**	[pænts]
мужская рубашка	**a shirt**	[ə ʃət]
туфли	**shoes**	[ʃu:z]
юбка	**a skirt**	[ə skət]
носки	**socks**	[sɔks]
свитер	**a sweater**	[ə **swe**tə]
нижняя рубашка, белье	**an undershirt, underwear**	[ən **ʌ**ndəʃət, **ʌ**ndəwə]
купальный халат	**a bathing suit**	[ə **be**ɪðɪŋ sju:t]
часы	**a clock**	[ə klɔl]
расческа	**a comb**	[ə **ko**um]
булавка	**a pin**	[ə pɪn]
билет	**a ticket**	[ə **tɪ**kɪt]
зонт	**an umbrella**	[ən ʌm**bre**la]

ПОЛУЧАТЬ, ДОБЫВАТЬ, ДОСТАВАТЬ

GET – GOT – GOT – GETTING
[get] [gɔt] [getɪŋ]

RECEIVE – RECEIVED – RECEIVED – RECEIVING
[rɪsɪ:v] [rɪsɪ:vd] [rɪsɪ:vɪŋ]

SIMPLE

Present	Past	Future
I, you, we they **get (receive)**	I, you, we, they,	I, you, we, they,
He, she, it **gets** [gets] **(receives)**	he, she, it **got (received)**	he, she, it **will get (receive)**
Do I, you, we they **get (receive)**?	**Did** I, you, we they,	**Will** I, you, we, they,
Does he, she, it **get (receive)**?	he, she, it **get (receive)**?	he, she, it **get (receive)**?
I, you, we, they **don't get (receive)**	I, you, we, they,	I, you, we, they,
He, she, it **doesn't get (receive)**	he, she, it **didn't get (receive)**	he, she, it **will not (won't) get (receive)**
c. BE* GETTING (RECEIVING)	*p.* HAVE GOT (RECEIVED)	*p.c.* HAVE* BEEN GETTING (RECEIVIN

I **get** (receive) letters *every week* (*regularly, often, seldom*) — Я получаю письма *каждую неделю (регулярно, часто, редко)*

I **got** a telegram *yesterday* (*the other day, 2 hours ago, last month*).	Я получил телеграмму *вчера* (*на днях, 2 часа назад, в прошлом месяце*)
I **have** (*just*) **received (got)** 5 letters (*today, this week, month*).	Я (*только что*) получил 5 писем (*сегодня, на этой неделе, в этом месяце*).
I **had got (received)** this plan *by the evening yesterday.*	Я получил этот план *вчера к вечеру.*
I **am getting** information *all day long* (*only from 3 till 6*).	Я получаю информацию *в течение всего дня* (*только с 3 до 6*).

получать...	**to get, receive...**	[tə get, rı**sı:**v]
это	**it**	[ıt]
зарплату	**salary**	[**sæ**lərı]
ссуду	**loan**	[**lo**un]
помощь	**help**	[help]
денежную помощь	**financial assistance**	[faı**næ**nʃəl ə**sı**stəns]
лекарство	**the medicine**	[ðə **me**dsın]
документы	**papers, certificates**	[**pe**ıpəz] [sər**tı**fıkıts]
багаж	**cargo, luggage**	[**ka**:gou, **lʌ**gıʒ]
письмо	**a letter**	[ə **le**tə]
квитанцию	**receipt**	[rı**sı**:t]
приём	**reception**	[rı**se**pʃn]
получил по заслугам	**got what he deserved**	[got wɔt hı dı**zə**:vd]
встать рано утром	**to get up early in the morning**	[tə **ge**t ʌp **ə**:lı ın ðə **mɔ**:nıŋ]
Я встану в 7 часов.	**I'll get up at 7 o'clock.**	[**a**ıl get **ʌ**p ət **se**vn ɔ**klɔ**k]

Когда ты встаёшь?	**When do you get up?**	[wen du: ju: get **ʌ**p]
В котором часу точно...?	**At what time exactly...?**	[ət wɔt **ta**ɪm ɪg**zæ**ktlɪ]
Он встанет в 6-ть утра.	**He will get up at 6 a.m.**	[hɪ: wɪl get **ʌ**p ət **sɪ**ks eɪ em]
войти	**get**	[get]
проникнуть в	**get into**	[get **ɪn**tə]
выбраться, выйти из	**get out of**	[get **au**t əv]
пройти, пролезть через	**get through**	[get θru:]
перелезть через	**get over**	[get **ou**və]
встать, подняться	**get up**	[get ʌp]
перейти	**get across**	[get ə**krɔ**s]
спуститься	**get down**	[get **da**un]
дойти, добраться	**get to**	[get tu: (ə)]

ПОМНИТЬ, ЗАПОМНИТЬ	**REMEMBER – REMEMBERED –** [rɪ**me**mbə] [rɪ**me**mbəd] **REMEMBERED – REMEMBERING** [rɪ**me**mbəd] [rɪ**me**mbərɪŋ]

SIMPLE

Present	Past	Future
I, we, you, they **remember** He, she, it **remembers** [rɪ**me**mbəz]	I, we, you, they, he, she, it **remembered**	I, we, you, they, he, she, it **will remember**
Do I, we, you, they **remember**? **Does** he, she, it **remember**?	**Did** I, we, you, they, he, she, it **remember**?	**Will** I, we, you, they, he, she, it **remember**?
I, we, you, they don't **remember** He, she, it **doesn't remember**	I, we, you, they, he, she, it **didn't remember**	I, we, you, they, he, she, it **will not (won't) remember**
с. не употребляется	*р.* не употребляется	*р.с.* не употребляется

I **remember** everybody. — Я помню всех.

I **remembered** what I had to do. — Я помнил что мне нужно сделать.

I **will remember** everything. — Я запомню всё.

Ты помнишь?	**Do you remember?**	[du: ju: rɪmembə]
Я не помню.	**I don't remember.**	[aɪ dount rɪmembə]
Припомню тебе твои деяния.	**I'll remember what you did.**	[aɪl rɪmembə wɔt ju: dɪd]
Я тебе еще отплачу.	**I'll pay you back for it (some day).**	[aɪl peɪ ju: bæk fɔ:rɪt (sʌm deɪ)]
память	**memory**	[memərɪ]
помянули (былое)	**these memories**	[ðɪ:z memərɪ:z]
Я вспомнил...	**I recollected...**	[aɪ rɪkəlektɪd]
Не осталось никакого следа (воспоминания).	**Nothing remained.**	[nʌtɪŋ rɪmeɪnd]
помнить...	**remember...**	[rɪmembə]
время открытия	**the hours of opening**	[ðə auəz əv oupnɪŋ]
дорогу	**the way**	[ðə weɪ]
номер автобуса	**the number of the bus**	[ðə nʌmbə(r) əv ðə bʌs]
номер комнаты	**the number of the room**	[ðə nʌmbə(r) əv ðə ru:m]
телефон	**the telephone**	[ðə telɪfoun]
имя, фамилию	**the name and the surname**	[ðə neɪm ənd ðə sə:neɪm]
дату рождения	**the birthday**	[ðə bə:θdeɪ]
номер счёта	**the number of the account**	[ðə nʌmbə(r) əv ðə əkaunt]
помнить...	**remember...**	[rɪmembə]
адрес банка	**the address of the bank**	[ðə ədres əv ðə bæŋk]
свои обязанности	**one's duties**	[wʌnz dju:tɪz]

то, что обещал	**what you've promised**	[wɔt ju:v **prɔ**mɪst]
о встрече	**about the appointment**	[ə**ba**ut ðə ə**pɔ**ɪntmənt]
о чём говорилось	**what the talk was**	[wɔt ðə **tɔ**:k wɔz]
обо всех	**about everybody**	[ə**ba**ut **e**vrɪbɔdɪ]
обещание	**the promise**	[ðə **prɔ**mɪs]
предсказание	**the fortelling**	[ðə fɔ:**te**lɪŋ]

ПОМОГАТЬ HELP – HELPED – HELPED – HELPING

[help] [helpt] [**help**ɪŋ]

SIMPLE

Present	Past	Future
I, we, you, they **help.** He, she, it **helps.** [helps]	I, we, you, they, he, she, it **helped**	I, we, you, they **help.** he, she, it **helps.**
Do I, we, you, they **help.** **Does** he, she, it **help**?	**Did** I, we, you, they, he, she, it **help**?	**Will** I, we, you, they, he, she, it **help**?
I, we, you, they **don't help.** He, she, it **doesn't help.**	I, we, you, they, he, she, it **didn't help**	I, we, you, they, he, she, it **will not (won't) help.**

c. **BE* HELPING**	*p.* **HAVE* HELPED**	*p.c.* **HAVE* BEEN HELPING**

I always (*seldom, often, sometimes*) **help** my parents.	Я *всегда* (*редко, часто*) помогаю своим родителям.
Yesterday (*the day before yesterday, some days ago*) I **helped** you	*Вчера* (*позавчера, несколько дней назад*) я помогла тебе
I **have helped** you much (in your work)	Я помогла тебе много (в твоей работе)
I **had helped** you well *before you spoilt everything*.	Я хорошо тебе помогла *до того, как ты всё испортил*.
I **have been helping** you *for a long time* (*for a month now..*)	Я тебе давно уже помогаю (*вот уже месяц*)
You **are helping** me *now*.	Ты помогаешь мне *сейчас*.

помощь	**help**	[help]
звать на помощь	**to call out for help**	[tə **kɔ**:l **a**ut fə **he**lp]
быть бесполезным	**to be of no help**	[tə **bɪ**: əv **no**u help]
приносить мало пользы	**to be of little help**	[tə **bɪ**: əv lɪtl help]
помощник	**helper, assistant**	[**he**lpə, ə**sɪ**stənt]
Помоги мне, пожалуйста.	**Help me, please.**	[**he**lp mɪ: plɪ:z]
Я бы хотел помочь тебе.	**I'd like to help you.**	[aɪd **la**ɪk tə **he**lp ju:]
Я бы хотел, чтобы ты помог мне.	**I'd like you to help me.**	[aɪd **la**ɪk ju: tə **he**lp mɪ:]
Помоги мне сделать это.	**Help me do it.**	[**he**lp mɪ: **du**: ɪt]

помоги...	**help...**	[help]
мне	**me**	[mɪ:]
себе	**you**	[ju:]
ему, ей	**him, her**	[hɪm, hə:]
нам, им	**us, them**	[ʌs, ðem]
в работе	**with my (his) work**	[wɪð **maɪ** (hɪz) wə:k]
в учёбе	**with my studies**	[wɪð **maɪ stʌ**dɪ:z]
с компьютером	**with the computer**	[wɪð ðə kəm**pju:**tə]
с английским	**with my English**	[wɪð **maɪ ɪŋ**glɪʃ]
Помоги мне...	**Help me...**	[help mɪ:]
найти	**find**	[**faɪ**nd]
подготовить	**prepare**	[prɪ**peə**]
ответить	**answer**	[**a**:nsə]
перенести	**replace**	[rɪ**ple**ɪs]
достать	**get**	[**ge**t]
подняться	**go up**	[**go**u ʌp]
спуститься	**go down**	[**go**u **da**un]
Угощайтесь!	**Help yourself!**	[help jɔ:**se**lf]

ПРИНОСИТЬ **BRING – BROUGHT – BROUGHT – BRINGING**
[brɪŋ] [brɔ:t]
[brɪŋɪŋ]

SIMPLE

Present	Past	Future
I, you, we they **bring.**	I, you, we, they,	I, you, we they
He, she, it **brings.** [brɪŋz]	he, she, it **brought.**	he, she, it **will bring.**
Do I, you, we they **bring**?	**Did** I, you, we they,	**Will** I, you, we they,
Does he, she, it **bring**?	he, she, it **bring**?	he, she, it **bring**?
I, you, we, they **don't bring.**	I, you, we, they,	I, you, we, they,
He, she, it **doesn't bring.**	he, she, it **didn't bring.**	he, she, it **won't bring.**
c. BE* BRINGING	*p.* HAVE* BROUGHT	*p.c.* HAVE* BEEN BRINGING

I **bring** you papers *every day* (*twice a day, a week*)	Я приношу Вам бумаги (документы) *каждый день* (*2 раза в день, неделю*)
You **brought** it *yesterday* (*a week ago..*)	Вы принесли это *вчера* (*неделю назад*)
I **have** (*already, just*) **brought** it to you *today* (*this month*)	Я (*уже, только что*) принесла это *сегодня* (*в этом месяце*)

I **had brought** it *before you paid.*	Я принесла *до того, как Вы оплатили.*
You **have been bringing** it *all the time* (*since I know you*)	Вы *всё время приносите* это (*с тех пор, как я знаю Вас*)

принести...	**to bring...**	[tə brɪŋ]
чемодан(ы)	**the suitcase(s)**	[ðə **sju**tkeɪsɪz]
сумки	**the bags**	[ðə **bæ**gz]
билеты	**the tickets**	[ðə **tɪ**kɪts]
кассету	**the cassette**	[ðə kə**se**t]
книгу	**the book**	[ðə **bu**k]
учебник	**the textbook**	[ðə **te**kstbuk]
тетрадь	**the exercise-book**	[ðə **ek**sɪsaɪzbuk]
документы	**papers, documents**	[**pe**ɪpəz, **dɔ**kjumənts]
сэндвич	**a sandwich**	[ə **sæ**nwɪʧ]
что-нибудь	**something**	[**sʌ**mΘɪŋ]
это	**this, it**	[ðɪs, ɪt]
домой	**home**	[**ho**um]
в гостиницу	**to the hotel**	[tə ðə hou**te**l]
в номер (комнату)	**to the room**	[tə ðə **ru**:m]
в офис	**to the office**	[tə ðə **ɔ**fɪs]
на урок	**for the lesson**	[fɔ: ðə **le**sn]
на экскурсию	**for the excursion**	[fɔ: ðə ɪks**kə**:ʃn]
с собой	**with you**	[wɪð **ju**:]
в класс	**to the class**	[tə ðə **kla**:(æ)s]
на лекцию	**to the lecture**	[tə ðə **le**kʧə]
в полёт	**to the flight**	[tə ðə **fla**ɪt]
в поездку	**to the trip**	[tə ðə trɪp]
вещи назад	**the things back**	[ðə Θɪŋz **bæ**k]
в кармане пальто	**in the pocket of the coat**	[ɪn ðə **pɔ**kɪt əv] [ðə **ko**ut]

пиджака	**the jacket**	[ðə **ʒæ**kɪt]
брюк	**the trousers**	[ðə **tra**uzɪz]
в сумочке	**in the handbag**	[ɪn ðə **hæ**ndbæg]
в кошельке	**in the purse**	[ɪn ðə **pə**:s]
мне, тебе	**to me, you**	[tə**mɪ:**, ju:]
ему, ей	**him, her**	[hɪm, hə:]
нам, им	**us, them**	[ʌs, ðem]
обязательно	**obligatory**	[əb**lɪ**gətərɪ]
приводить аргументы (факты)	**bring up arguments (facts)**	[brɪŋ ʌp **a**:gjumənts (fəkts)]
по собственной инициативе	**on one's own initiative**	[ɔn wʌnz **o**un ɪ**nɪ**ʃɪətɪv]
по требованию (по заказу, приказу)	**at someone's request, by someone's order**	[ət **sʌ**mwʌns rɪ**kwe**st, **baɪ sʌ**mwʌns **ɔ**:də]

ПРИХОДИТЬ, ПРИЕЗЖАТЬ — **COME – CAME – COME – COMING** [kʌm] [**ke**ɪm] [kʌm] [**kʌ**mɪŋ]

SIMPLE

Present	Past	Future
I, you, we they **come** He, she, it **comes** [kʌmz]	I, you, we, they, he, she, it **came**	I, you, we, they, he, she, it **will come**
Do I, you, we they **come**?	**Did** I, you, we, they,	**Will** I, you, we, they,

Does he, she, it **come**?	he, she, it **come**?	he, she, it **come**?
I, you, we, they **don't come**	I, you, we, they,	I, you, we, they,
He, she, it **doesn't come**	he, she, it **didn't come**	he, she, it **will not (won't) come**
c. BE* COMING	*p.* HAVE* COME	*p.c.* HAVE* BEEN COMING

I **come** home at 6 p.m. (*every day, usually, seldom, sometimes*)	Я прихожу домой в 6 вечера (*каждый день, обычно, редко, иногда*)
You **came** at 8 p.m. (*yesterday, last time, on Monday*)	Ты пришёл в 8 вечера (*вчера, в прошлый раз, в понедельник*)
She **has** (*just, already*) **come** *this week (month, autumn, year*)	Она *(только что, уже)* пришла (приехала) *на этой неделе* (*в этом месяце, осенью, в этом году*)
She **had come** *by last Wednesday* (*by the end of the week, month*)	Она приехала *к прошлой среде* (*к концу недели, к концу месяца*)
He **is coming** *next week* (*month, tomorrow, the day after tomorrow*)	Он приезжает *на следующей неделе* (*в следующем месяце, завтра, послезавтра*)

Откуда?	**From where?**	[frɔm **we**ə]
Куда?	**Where?**	[**we**ə]
к, в, на	**to**	[tu:]
от, с, из	**from**	[frɔm]

домой	**home**	[**ho**um]
в магазин	**to the shop**	[tə ðə **ʃɔ**p]
в класс	**to the class**	[tə ðə **kla**:s]
в банк	**to the bank**	[tə ðə **bæ**ŋk]
в поликлинику	**to the clinic**	[tə ðə **klı**nık]
в контору	**to the office**	[tə ðə **ɔ**fıs]
в университет	**to the university**	[tə ðə **ju**nı**və**:sıtı]
в музей	**to the museum**	[tə ðə mju**zı**əm]
в театр	**to the theatre**	[tə ðə **θı**ətə]
на экскурсию	**for the excursion**	[fə: ðə ıks**kə**:ʃən]
на то же место	**to the same place**	[tə ðə **seı**m p**leı**s]
на остановку	**to the bus stop**	[tə ðə **bʌ**s stɔp]
в кино	**to the cinema**	[tə ðə **sı**nımə]
к другу	**to his friend**	[tə hız **fre**nd]
к врачу	**to the doctor**	[tə ðə **dɔ**ktə]
к учителю	**to the teacher**	[tə ðə **tı**:ʧə]
на завод	**to the plant**	[tə ðə **pla**:nt]
на спортплощадку	**to the sports ground**	[tə ðə spɔ:ts **gra**und]
на выставку	**to the exhibition**	[tə ðə **e**ksı**bı**ʃn]
с улицы	**from the street**	[frɔm ðə strı:t]
на полчаса	**for half an hour**	[fɔ: ha:f ən**au**ə]
ко мне	**to me**	[tə **mı**:]
к тебе, к вам	**to you**	[tə **ju**:]
к нему	**to him**	[tə hım]
к ней	**to her**	[tə **hə**:]
к нам	**to us**	[tə **ʌ**s]
к ним	**to them**	[tə **ðe**m]
к представителю	**to the representative**	[tə ðə rıprı**ze**ntətıv]
его приход к...	**his coming to...**	[hız **kʌ**mıŋ tu(ə)]

Он (она) пришёл, чтобы...	**He (she) came...**	[hɪ: (ʃɪ:) **keɪ**m]
прояснить, выяснить	**to make it clear, to find out**	[tə **meɪ**k ɪt **klɪ**ə] [tə **fa**ɪnd **a**ut]
вернуть	**to return**	[tə rɪ**tə**:n]
послушать, выслушать	**to listen to**	[tə **lɪ**sn tu(ə)]
поработать (над)	**to work (at, on, over)**	[tə wə:k æt (ət, ɔn, **o**uvə)]
навестить, увидеть	**to see**	[tə **sɪ**:]
Войди!	**Come in!**	[kʌ**mɪ**n]
приехать поездом	**come by train**	[kʌm **ba**ɪ **treɪ**n]
спуститься с...	**come down from...**	[kʌm **da**un frɔm]

ПРОДАВАТЬ — SELL – SOLD – SOLD – SELLING

[sel] [s**o**uld] [selɪŋ]

SIMPLE

Present	Past	Future
I, you, we they **sell.** He, she, it **sells.** [selz]	I, you, we, they, he, she, it **sold.**	I, you, we, they, he, she, it **will sell.**
Do I, you, we they **sell**? **Does** he, she, it **sell**?	**Did** I, you, we they, he, she, it **sell**?	**Will** I, you, we, they, he, she, it **sell**?
I, you, we, they don't **sell.**	I, you, we, they,	I, you, we, they,

He, she, it **doesn't sell.**	he, she, it **didn't sell.**	he, she, it **will not (won't) sell.**
c. BE* SELLING	*p.* HAVE* SOLD	*p.c.* HAVE* BEEN SELLING

I **sell souvenirs** [**su:**v(ə)nɪəz] here.	Я продаю здесь сувениры.
I **sold** clothes there *last year* (*a week ago*)	Я продавала одежду там *в прошлом году* (*неделю назад*)
I **have** (*already*) **sold** out everything.	Я (*уже*) всё распродала.
I **had** (*already*) **sold** out everything *by the end* of last week.	Я (*уже*) всё распродала *к концу прошлой недели.*
I **have been selling here** *since morning* (*for a year now, for a long time*)	Я продаю здесь *с утра* (*год уже, давно*)
I **was selling** *from morning till night* (*from 4 till 8, all day long*)	Я продавала с утра до ночи (с 4 до 8, весь день)

продажа	**sale**	[**se**ɪl]
продавец	**salesman**	[**se**ɪlzmæn]
продано	**is sold**	[ɪz **so**uld]
Где продают...?	**Where do they sell...?**	[weə du **ðe**ɪ sel]
электроприборы	**electrical appliances**	[ɪ**le**ktrɪkəl ə**pla**ɪənsɪz]
холодильники	**refrigerators**	[rɪfrɪʒɪ**re**ɪtəz]
стиральные машины	**washing machines**	[**wɔ**ʃɪŋ məʃ**ɪ**:nz]

телевизоры	**televisions**	[telɪ**vɪ**ʒnz]
кухонную печь	**oven**	[**o**uvn]
кондиционеры	**air conditioner(s)**	[**eə** kən**dɪ**ʃənəz]
вентиляторы	**fan(s)**	[fænz]
мебель	**furniture**	[**fə**:nɪʧə]
спальню	**bedroom set**	[**be**dru:m set]
встроеннный шкаф	**wall closet**	[wɔl **klɔ**zɪt]
кровать	**bed**	[bed]
матрас	**mattress**	[**mæ**trɪs]
мебель для гостинной	**living room set**	[**lɪ**vɪŋ ru:m set]
буфет	**buffet**	[**bu**feɪ]
книжный шкаф	**bookcase**	[**bu**kkeɪs]
кресла	**armchairs**	[**a:m**ʧeəz]
стулья	**chairs**	[**ʧe**əz]
пианино	**piano**	[**pjæ**nou]
столы	**tables**	[**te**ɪblz]
посудомоечные машины	**dishwasher**	[dɪʃ**wɔ**ʃə]
постельные принадлежности::	**bedding:**	[**be**dɪŋ]
простыни	**bed-sheet**	[**be**dʃɪ:t]
подушки	**pillows**	[**pɪ**louz]
одеяла	**blankets**	[**blæ**ŋkɪts]
продавать...	**to sell...**	[tə sel]
вещи	**things**	[θɪŋz]
сувениры	**souvenirs**	[**su**:v(ə)nɪəz]
книги	**books**	[buks]
газеты	**newspapers**	[**nju**:speɪpəz]
косметику	**cosmetics**	[kəs**me**tɪks]

мыло	**soap**	[**so**up]
духи, аромат, благоухание	**perfumes**	[**pə**:fju:mz]
электробритву	**electric razor/shaver**	[ı**le**ktrık **re**ızə **ʃe**ıvə]
бритвенный прибор	**shaving-set**	[**ʃe**ıvıŋ set]
ножницы	**scissors**	[**sı**zərz]
лекарства	**medicines**	[**me**dsl:nz]
одежду	**clothes**	[**klo**uðz]
продавать:	**sell:**	[sel]
за наличные	**for cash**	[fə kæʃ]
за бесценок	**for free**	[fə frı:]
в кредит	**on credit**	[ɔn **kre**dıt]
по цене $3 за штуку	**at $3 a piece**	[ət **θrı**: **dɔ**ləz ə **pı**:s]

ПРОПАДАТЬ, ТЕРЯТЬ — LOSE – LOST – LOST – LOSING

[lu:z] [lɔst] [**lu**:zıŋ]

SIMPLE

Present	Past	Future
I, we, you, they **lose.** he, she, it **loses**. [**lu:**zız]	I, we, you, they, he, she, it **lost.**	I, we, you, they he, she, it **will lose.**
Do I, we, you, they **lose**? **Does** he, she, it **lose**?	**Did** I, we, you, they, he, she, it **lose**?	**Did** I, we, you, they, he, she, it **lose**?
I, we,	I, we,	I, we,

you, they **don't lose.**	you, they,	you, they,
He, she, it **doesn't lose** .	he, she, it **didn't lose.**	he, she, it **won't lose.**
c. BE* LOSING	*p.* HAVE* LOST	*p.c.* HAVE* BEEN LOSING

Don't **lose** your things!	Не теряй свои вещи!
I **lost** my key *yesterday* (*some days ago*)	Я потерял ключи *вчера* (*несколько дней назад*)
I **have lost** all the documents.	Я потерял все документы.
I **had lost** it *before you let me know*	Я потерял это ещё *до того, как ты мне дал знать.*
You **have been losing** things *since your childhood.*	*С детства* ты что-нибудь теряешь.
You **are** *always* **losing** something.	*Вечно* ты что-нибудь теряешь.
I **am losing** the game.	Я проигрываю (игру).

Всё пропало.	**Everything is lost.**	[**e**vrıθıŋ ız lɔst]
(тяжёлая) утрата	**a (difficult) loss**	[ə **dı**fıkəlt lɔs]
Я потерял всё!	**I've lost everything**	[aıv lɔst **e**vrıθıŋ]
Ещё не пропала надежда.	**I haven't lost hope yet.**	[aı **hæ**vnt lɔst **ho**up jet]
Не потеряй этот адрес.	**Don't lose the address.**	[**do**unt lu:z ðə ədr**e**s]
Не теряй головы!	**Don't lose your head!**	[**do**unt lu:z jɔ: hed]
Я потерял...	**I (have) lost...**	[aı (hæv) lɔst]
записную книжку	**my note pad**	[**ma**ı **no**ut pæd]
деньги	**money**	[**mʌ**nı]
чековую книжку	**a cheque book**	[ə **ʧe**k buk]

кредитную карточку	**my credit card**	[**maɪ kre**dɪt ka:d]
удостоверение личности	**my passport**	[**maɪ pa**:spɔ:t]
водительские права	**my license**	[**maɪ la**ɪsəns]
все документы	**all the documents**	[ɔ:l ðə **dɔ**kjumənts]
самообладание	**my self-control**	[**maɪ** selfkəntr**o**ul]
работу	**the job**	[ðə **ʒɔ**b]

ПРОСИТЬ, СПРАШИВАТЬ — ASK – ASKED – ASKED – ASKING [a:(æ)sk] [a:(æ)skt] a:(æ)skɪŋ]

SIMPLE

Present	Past	Future
I, you, we they **ask** He, she, it **asks** [a:sks]	I, you, we, they, he, she, it **asked**	I, you, we, they, he, she, it **will ask**
Do I, you, we they **ask**? **Does** he, she, it **ask**?	**Did** I, you, we they, he, she, it **ask**?	**Will** I, you, we, they, he, she, it **ask**?
I, you, we, they **don't ask** He, she, it **doesn't ask**	I, you, we, they, he, she, it **didn't ask**	I, you, we, they, he, she, it **will not (won't)** ask
c. BE* ASKING	*p.* HAVE* ASKED	*p.c.* HAVE* BEEN ASKING

You always (*often, seldom, never*) **ask** questions.	Ты всегда (*часто, редко, никогда не*) задаёшь вопросы.
I **asked** you yesterday (*a week ago, last month, 5 minutes ago*)	Я спрашивал (просил) тебя *вчера* (*неделю назад, в прошлом месяце, 5 минут назад*)
I **have just** (*already, this week*) **asked** him.	Я *только что* (*уже, на этой неделе*) просил (спрашивал) его.
I **had asked** him *before you did*.	Я (с)просил его *раньше тебя*.
I **have been asking** him to do it *for a long time* (*since last Sunday, year*)	Я прошу его сделать это *давно* (*с прошлого воскресенья, с прошлого года*)
You **are asking** me *all day long*.	Ты просишь (спрашиваешь) меня *целый день*.

Я прошу...	**I ask for...**	[aɪ a:sk fɔ:]
помощи	**help**	[help]
денег	**money**	[**mʌ**nɪ]
жильё, квартиру	**the apartment**	[ðə ə**pa**:tmənt]
пищу	**food**	[fu:d]
врача	**the doctor**	[ðə **dɔ**ktə]
назначить встречу	**the appointment**	[ðə ə**pɔ**ɪntment]
Я прошу тебя...	**I ask you...**	[aɪ a:sk ju:]
дать мне	**to give me**	[tə **gɪ**v mɪ:]
вернуть ему	**to give him back, to return him**	[tə **gɪ**v hɪm bæk, tə rɪ**tə**:n hɪm]
войти	**to come in**	[tə kʌm **ɪ**n]
выйти отсюда	**to go out of here**	[tə **go**u aut ɔv **hɪ**ə]
выйти из комнаты	**to leave the room**	[tə **lɪ**:v ðə ru:m]

взять его с собой	**to take him with you**	[tə **te**ɪk hɪm wɪð ju:]
спрос	**demand**	[dɪ**ma**:nd]
просьба	**request**	[rɪk**we**st]
Просьба моя состоит в том...	**My request is that...**	[**maɪ** rɪk**we**st ɪz ðæt]
Будьте так добры!	**Be so kind as to!**	[bɪ: **so**u **ka**ɪnd əz tə...]
О чём Вы спрашиваете?	**What are you asking about? What is the question?**	[wɔt a: ju: **a**:skɪŋ ə**ba**ut], [wɔt ɪz ðə **kwe**stʃn]
Я хочу спросить...	**I want to ask...**	[aɪ wɔnt tə **a**:sk]
где	**where**	[**we**ə]
почему	**why**	[**wa**ɪ]
кто	**who**	[hu:]
что, какой	**what**	[wɔt]
когда	**when**	[wen]
с кем	**with whom**	[wɪð **hu**:m]
как	**how**	[**ha**u]
в (о) чём	**in (about) what**	[ɪn (ə**ba**ut) wɔt]
Могу я попросить (спросить)?	**Can I ask you?**	[kæn aɪ **a**:sk ju:]
Ты что-то спрашиваешь?	**Are you asking anything?**	[a: ju: **a**:skɪŋ **e**nɪθɪŋ]
вопрос	**question**	[kwestʃn]
просьба, запрос	**request, wish**	[rɪk**we**st, wɪʃ]
вопросник, анкета	**questionnaire**	[**kwe**stʃ(ə)nərɪ]
заполнить анкету	**to fill out a form**	[tə **fɪ**l aut ə **fɔ**:m]
твой вопрос	**your question**	[jɔ: kwestʃn]
вопросительный знак	**question mark**	[kwestʃn ma:k]

РАБОТАТЬ WORK – WORKED – WORKED – WORKING

[wə:k] [wə:kt] [wə:kıŋ]

SIMPLE

Present	Past	Future
I, you, we they **work** He, she, it **works** [wə:ks]	I, you, we, they, he, she, it **worked**	I, you, we, they, he, she, it **will work**
Do I, you, we, they **work**? **Does** he, she, it **work**?	**Did** I, you, we, they, he, she, it **work**?	**Will** I, you, we, they, he, she, it **work**?
I, you, we, they **don't work** He, she, it **doesn't work**	I, you, we, they, he, she, it **didn't work**	I, you, we, they, he, she, it **will not (won't) work**
c. BE* WORKING	*p.* HAVE* WORKED	*p.c.* HAVE* BEEN WORKING

I **work** at the university.	Я работаю в университете.
I **worked** at school *in 1990* (*several years ago, last year*)	Я работал(а) в школе *в 1990* (*несколько лет назад, в прошлом году*)
I **have worked** there *for 12 years.*	Я (про)работал(а) там *12 лет.*
You **had worked** there *before they started* their tests.	Я работал там *до того, как они начали испытания.*
I **have been working** here *for 10 years* (*since last year, since last week*)	Я работаю здесь *10 лет* (*с прошлого года, с прошлой недели*)

I am working *now*. *Я сейчас* работаю.

работать...	**to work...**	[tə wə:k]
над	**on, over**	[ɔn, **ou**və]
в	**at, in**	[æt, ın]
с	**with**	[wıð]
чтобы	**in order to**	[ın **ɔ**:də tu(ə)]
в промышленности	**in industry**	[ın **ın**dʌstrı]
Я работал...	**I worked...**	[aı wə:kt]
по специальности	**in the profession**	[ın ðə prə**fe**ʃn]
в лаборатории	**in a lab**	[ın ə **læ**b]
в учреждении	**in an office**	[ın ən **ɔ**fıs]
в школе	**at school**	[ət **sku**:l]
в больнице	**in a hospital**	[ın ə **hɔ**spıtəl]
преподавателем	**as a teacher**	[æz ə **tı**:ʧə]
работа	**work**	[wə:k]
подходящая работа	**suitable work**	[**sju**:təbl wə:k]
на работе	**at work**	[ət **wə**:k]
с работы	**from work**	[frəm **wə**:k]
обработка	**processing**	[prou**se**sıŋ]
обработанный	**processed**	[prou**se**st]
как, в качестве...	**as a...**	[æz ə...]
врача	**a doctor**	[ə **dɔ**ktə]
водителя	**a driver**	[ə **dra**ıvə]
инженера	**an engineer**	[ən **ın**ʒı**nı**ə]
исследователя	**a researcher**	[ə rı**sə**:ʧə]
лектора	**a lecturer**	[ə **le**kʧərə]
математика	**a mathematician**	[ə **mæ**θımə**tı**ʃn]
медсестры	**a nurse**	[ə **nə**:s]
рабочего	**worker**	[**wə**:kə]

слесаря	**a smith**	[ə **smı**Θ]
служащего	**a clerk**	[ə **kla**:k]
техника	**a technician**	[ə tek**nı**ʃən]
учёного	**a scientist**	[ə **sa**ıəntıst]
учителя	**a teacher**	[ə **tı**:ʧə]
электрика	**an electrician**	[ən elık**trı**ʃn]
химика	**a chemist**	[ə **ke**mıst]
физика	**a physicist**	[ə **fı**zısıst]
без контракта	**without a contract**	[wı**ða**ut ə **kɔ**ntrəkt]
на стипендии	**for a scholarship**	fɔ: ə **skɔ**ləʃıp]
без прав	**with no rights**	[wıð **no**u **ra**ıts]
изо всех сил	**hard**	[ha:d]
до ночи	**till night**	[tıl **na**ıt]
с ежедневной оплатой	**got paid by the day**	[got **pe**ıd **ba**ı ðə **de**ı]
с еженедельной оплатой	**~ by the week**	**ba**ı ðə **wı**:k]
с ежемесячной оплатой	**~ by the month**	**ba**ı ðə **mʌ**nΘ]

РАССКАЗ(ЫВ)АТЬ, СКАЗАТЬ — TELL – TOLD – TOLD – TELLING

[tel] [tould] [telɪŋ]

SIMPLE

Present	Past	Future
I, you, we they **tell.** He, she, it **tells.** [telz]	I, you, we, they, he, she, it **told.**	I, you, we, they, he, she, it **will tell.**
Do I, you, we they **tell**? **Does** he, she, it **tell**?	**Did** I, you, we, they, he, she, it **tell**?	**Will** I, you, we, they, he, she, it **tell**?
I, you, we, they **don't tell.** He, she, it **doesn't tell.**	I, you, we, they, he, she, it **didn't tell.**	I, you, we, they, he, she, it **will not (won't) tell.**
c. BE* TELLING	*p.* HAVE* TOLD	*p.c.* HAVE* BEEN TELLING

I always **tell** you the truth.	Я всегда говорю Вам правду.
I **told** him this news.	Я сказал (рассказал) ему эту новость.
I **have** *already* (*just*) **told** you about it.	Я *уже* (*только что*) сказал (рассказал, говорил) ему об этом.
I **had told him the news** *before* **you** *sent* that letter.	Я сказал ему эту новость *перед тем, как ты отправил* то письмо.

I've **been telling** him this story *for 20 minutes now.* Я рассказываю ему эту историю *20 минут уже.*

You **are telling** me what I know. Ты рассказываешь мне то, что я знаю.

рассказать...	**to tell...**	[tə tel]
что произошло	**what happened**	[wɔt **hæ**pnd]
всё	**everything**	[**e**vrıΘıŋ]
со всеми подробностями	**in detail**	[ın dı**te**ıl]
как это было	**how it was**	[**ha**u ıt wɔz]
точно	**precisely**	[prı**sa**ıslı]
не всё	**not everything**	[nɔt **e**vrıΘıŋ]
без подробностей	**without going into detail**	[wı**ða**ut **go**uıŋ ıntə dı**te**ıl]
правду	**the truth**	[ðə **tru**:Θ]
вымышленную историю	**fictitious story**	[**fı**kʃıəs **stɔ**rı]
о себе	**about myself**	[ə**ba**ut maı**se**lf]
о тебе, о вас	**about yourself**	[ə**ba**ut jɔ:**se**lf]
о нём	**about him(self)**	[ə**ba**ut hım**se**lf]
о ней	**about her(self)**	[ə**ba**ut hə:**se**lf]
о нас	**about us (ourselves)**	[ə**ba**ut ʌs (au**se**lvz)]
о них	**about them(selves)**	[ə**ba**ut ðem(**se**lvz)]
подробно	**in detail**	[ın dı**te**ıl]
всё, что знал	**everything he knew**	[**e**vrıΘıŋ hı: nju:]
рассказ	**a story**	[ə **stɔ**rı]
рассказанный	**is told**	[ız **to**uld]
книга	**a book**	[ə **bu**k]
учебник	**a text book**	[ə **te**kstbuk]
писатель	**a writer**	[ə **ra**ıtə]

РЕЗАТЬ, НАРЕЗАТЬ CUT – CUT – CUT – CUTTING

[kʌt] [kʌt] [**kʌtɪŋ**]

SIMPLE

Present	Past	Future
I, you, we they **cut.** He, she, it **cuts.** [kʌts]	I, you, we, they, he, she, it **cut.**	I, you, we, they, he, she, it **will cut.**
Do I, you, we they **cut**? **Does** he, she, it **cut**?	**Did** I, you, we they, he, she, it **cut.**	**Will** I, you, we, they, he, she, it **cut**?
I, you, we, they **don't cut.** He, she, it **doesn't cut.**	I, you, we, they, he, she, it **didn't cut.**	I, you, we, they, he, she, it **will not (won't) cut.**
c. BE* CUTTING	*p.* HAVE* CUT	*p.c.* HAVE* BEEN CUTTING

Please **cut** it here.	Пожалуйста, отрежьте здесь.
He took the knife and **cut** some bread.	Он взял нож и отрезал хлеб.
I **have** *just* (*already*) **cut** a slice of bread.	Я *только что* (*уже*) отрезал кусочек хлеба.
I **had cut the bread by** dinner time.	Я нарезал хлеб к обеду.
I **have been cutting** *all this time*.	Я *всё это время* нарезал
I **was cutting** bread for dinner.	Я резал хлеб на обед.

разрез **a cut** [ə **kʌ**t]

отрезано	**is cut**	[ız **kʌ**t]
часть	**a part**	[ə **pa**:t]
Отрежь мне, пожалуйста...	**Please cut me...**	[plı:z kʌt mı:]
ломтик хлеба	**a slice of bread**	[ə **sla**ıs əv **bre**d]
200 грамм	**200 gram of**	[tu: **hʌ**ndrəd grəm əv]
сыра	**yellow cheese**	[**je**lou ʧı:z]
колбасы	**salami**	[sə**læ**mı]
полкило мяса	**half a kilogram of meat**	[ha:f ə **kı**ləgrəm əv **mı**:t]
килограмм	**a kilo**	[ə **kı**lou]
1,5 кг	**a kilo and a half**	[ə **kı**lou ənd ə **ha**:f]
2 кг	**two kilos**	[tu: **kı**louz]
2,5 кг	**two and a half**	[tu: ənd ə **ha**:f]
3 кг	**three kilos**	[θrı: **kı**louz]
кусочек арбуза	**a piece of watermelon**	[ə **pı**:s əv **wɔ**təmelən]
эту верёвку	**this rope**	[ðıs **ro**up]
здесь	**here**	[**hı**ə]
тонкий	**thin**	[θın]
толстый	**thick**	[θık]
жирный	**fat**	[fæt]
узкий	**narrow**	[**næ**rou]
широкий	**wide**	[**waı**d]
тяжёлый	**heavy**	[**he**vı]
лёгкий	**light**	[**laı**t]
до конца	**till the end**	[tıl ðə **e**nd]
чуть-чуть	**little**	[lıtl]
немного	**a little**	[ə**lı**tl]
полностью, весь	**everything**	[**e**vrıθıŋ]

быстро	**quickly**	[**kwı**klı]
медленно	**slowly**	[**slo**ulı]
прямо	**straight**	[**stre**ıt]
сбоку	**on (from) the side**	[ɔn (frɔm) ðə **sa**ıd]
вмешиваться (в разговор)	**cut into**	[kʌt **ın**tə]
срезать, подрезать	**to cut down**	[tə kʌt **da**un]
отрезать	**to cut off**	[tə kʌt ɔf]

СИДЕТЬ, СЕСТЬ   SIT – SAT – SAT – SITTING

[sıt] [sæt] [sıtıŋ]

SIMPLE

Present	Past	Future
I, you, we they **sit.** He, she, it **sits.** [sıts]	I, you, we, they, he, she, it **sat.**	I, you, we, they, he, she, it **will sit.**
Do I, you, we they **sit**? **Does** he, she, it **sit**?	**Did** I, you, we they, he, she, ıt **sıt**?	**Will** I, you, we, they, he, she, ıt **sıt**?
I, you, we, they **don't sit.** He, she, it **doesn't sit.**	I, you, we, they, he, she, it **didn't sit.**	I, you, we, they, he, she, it **will not (won't) sit.**
c. BE* SITTING	*p.* HAVE* SAT	*p.c.* HAVE* BEEN SITTING

I **sit** here *every day* (*very often, seldom, sometimes, once a week*)	Я сижу здесь *каждый день* (*очень часто, редко, раз в неделю*)
He **sat** there *yesterday* (*last evening, 5 minutes ago, last week, in 1991*)	Он сидел там *вчера* (*прошлым вечером, 5 минут назад, на прошлой неделе, в 1991 году*)
I **have sat** *for 3 hours* at the airport.	Я просидел *3 часа в аэропорту.*
They **had sat for 3 hours** *before* we came.	Они просидели 3 часа на собрании *до того, как мы пришли.*
He **has been sitting** here *for hours* (*since morning, since yesterday, all the time*)	Он сидит здесь тихо *часами* (*с утра, со вчерашнего дня, всё время*)
I **am sitting** at the table and working.	Я сижу за столом и работаю.

сидение, место	**seat**	[sɪ:t]
заседание	**seating, meeting**	[**sɪ**:tɪŋ, **mɪ**:tɪŋ]
сидя	**sitting**	[**sɪ**tɪŋ]
сидел...	**sat (was sitting)...**	[sæt (wɔz **sɪ**tɪŋ)]
в кресле	**in the armchair**	[ɪn ðə **a**:mʧeə]
в классе	**in class**	[ɪn kla:s]
в углу	**in the corner**	[ɪn ðə **kɔ**:nə]
в середине	**in the middle**	[ɪn ðə **mɪ**dl]
в первом ряду	**in the first row**	[ɪn ðə **fə**:st rou]
в ожидании	**in expectation**	[ɪn ɪkspek**te**ɪʃn]
тихо	**quietly**	[**kwa**ɪətlɪ]
на скамейке	**on the bench**	[ɔn ðə **be**nʧ]
на стуле	**on the chair**	[ɔn ðə **ʧe**ə]

на полу	**on the floor**	[ɔn ðə **flɔ**:]
на ковре	**on the carpet**	[ɔn ðə **ka**:pɪt]
Садитесь. Усаживайтесь, пожалуйста.	**Sit down, please.**	[sɪt **da**un plɪ:z]

СКАЗАТЬ — SAY – SAID – SAID – SAYING

[seɪ] [sed] [seɪŋ]

SIMPLE

Present	Past	Future
I, you, we, they **say.**	I, you, we, they,	I, you, we, they,
He, she, it **says.** [sez]	he, she, it **said.**	he, she, it **will say.**
Do I, you, we, they **say**?	**Did** I, you, we, they,	**Will** I, you, we, they,
Does he, she, it **say**?	he, she, it **say.**	he, she, it **say**?
I, you, we, they **don't say.**	I, you, we, they,	I, you, we, they,
He, she, it **doesn't say.**	he, she, it **didn't say.**	he, she, it **will not (won't) say.**
c. BE* SAYING	*p.* HAVE* SAID	*p.c.* HAVE* BEEN SAYING

I **say** that you are right.	Я говорю, что ты прав.
I **said** that he was wrong.	Я сказал, что он не прав.

I **have** *just* (*already*) **said** it. — Я *только что* (*уже*) сказал это.

You **had said** *before I thought*. — Ты сказал *прежде, чем я подумал*.

сказать...	**say (to), tell...**	[**se**ı (tu:), tel]
много	**a lot**	[ə**lɔ**t]
немного	**a little**	[ə**lı**tl]
ничего	**nothing**	[**nʌ**θıŋ]
что-то	**something**	[**sʌ**mθıŋ]
что это неправильно	**that it is not correct**	[ðæt ız nɔt kə**re**kt]
наоборот	**the opposite**	[ðə **ɔ**pəzıt]
сначала	**in the beginning**	[ın ðə bı**gı**nıŋ]
потом	**afterwards**	[**a:f**təwədz]
от его имени	**in his name**	[ın hız **neı**m]
Ему было сказано...	**He was told...**	[hı: wɔz **to**uld]
Говорят, что...	**They say that...**	[**ðeı se**ı ðæt]
Он должен сказать...	**He is supposed to say...**	[hı: ız sə**po**uzd tə **se**ı]
высказывание, поговорка	**a saying**	[ə **se**ıŋ]
легенда	**a legend**	[ə **le**ʒənd]
Предположим (скажем), что...	**Let's say that...**	[lets **se**ı ðæt]
Послушай!	**I say!**	[aı **se**ı]
Как сказать?	**How do you say?**	[**ha**u dju: **se**ı]

СЛЫШАТЬ HEAR – HEARD – HEARD – HEARING

[**hɪ**ə] [hə:d] [**hɪ**ərɪŋ]

SIMPLE

Present	Past	Future
I, you, we, they **hear.**	I, you, we, they,	I, you, we, they,
He, she, it **hears.** [**hɪ**əz]	he, she, it **heard.**	he, she, it **will hear.**
Do I, you, we, they **hear**?	**Did** I, you, we, they,	**Will** I, you, we, they,
Does he, she, it **hear**?	he, she, it **hear**?	he, she, it **hear**?
I, you, we, they **don't hear.**	I, you, we, they,	I, you, we, they,
He, she, it **doesn't hear.**	he, she, it **didn't hear.**	he, she, it **will not (won't) hear.**
c. не употребляется	*p.* HAVE* HEARD	*p.c.* не употребляется

I **hear**, don't cry!	Я слышу, не кричи!
I **heard** the news (*yesterday , the other day*)	Я слышал новость (*вчера, на днях*)
I'**ve heard** it *today* (*this week, this month*).	Я услышал это *сегодня* (*на этой неделе, в этом месяце*).
I **had heard it long** *before* **you** *told* us.	Я слышал это задолго до того, как ты сказал нам.

слух	**hearing**	[**hɪ**ərɪŋ]
Что слышно? Как дела?	**How are things?**	[**ha**u a: θɪŋz]
Какие новости?	**What's the news? Any news?**	[wɔts ðə **nju**:z, **e**nɪ nju:z]
Всё в порядке.	**It sounds good. All right.**	[ɪt **sa**undz gud, ɔ:l **ra**ɪt]
Ты слышишь?	**Do you hear?**	[du: ju: **hɪ**ə]
Слушай! (Послушай!)	**I say! Listen! Look here!**	[aɪ **se**ɪ, lɪsn, luk **hɪ**ə]
Он не слышит (глуховат).	**He's hard of hearing.**	[hɪ:z ha:d əv **hɪ**ərɪŋ]
Слыхом не слыхивал.	**Who ever heard (of)?**	[hu: **e**və **hə**:d əv]
слухи	**rumor(s)**	[**rju**:məz]
получить весточку от	**hear from**	[**hɪ**ə frɔm]
слышать о...	**hear of**	[**hɪ**ə əv]
слышать хорошо	**hear well**	[**hɪ**ə wel]

СОГЛАШАТЬСЯ, ДОГОВОРИТЬСЯ — **AGREE – AGREED – AGREED – AGREEING**
[əgrɪ:] [əgrɪ:d] [əgrɪ:ɪŋ]

SIMPLE

Present	Past	Future
I, you, we, they **agree**	I, you, we, they,	I, you, we, they,
He, she, it **agrees** [əgrɪ:s]	he, she, it **agreed**	he, she, it **will agree**
Do I, you, we, they **agree**?	**Did** I, you, we, they,	Will I, you, we, they,
Does he, she, it **agree**?	he, she, it **agree**?	he, she, it **agree**?
I, you, we, they **don't agree**	I, you, we, they,	I, you, we, they,
He, she, it **doesn't agree**	he, she, it **didn't agree**	he, she, it **will not (won't) agree**
c. не употребляется	*p.* HAVE* AGREED	*p.c.* не употребляется

She **doesn't agree** with me. — Она со мной не согласна.

I **agreed** to join them. — Я согласился присоединиться к ним.

We **have agreed to meet** (*today, this week*) — Мы договорились встретиться (*сегодня, на этой неделе*)

We **had agreed** to meet *before he sent all the papers* (*called me, finished his work*). Мы договорились о встрече *до того, как он послал все документы* (*позвонил мне, закончил свою работу*).

соглашение	**agreement**	[ə**grɪ**:mənt]
приятный, милый	**agreeable**	[ə**grɪ**əbl]
взаимопонимание	**understanding**	[ʌndə**stæ**ndɪŋ]
Ты согласен?	**Do you agree?**	[du: ju: ə**grɪ**:]
Не согласен.	**I don't agree.**	[aɪ dount ə**grɪ**:]
Не соглашайся...!	**Don't agree...!**	[**do**unt ə**grɪ:**]
со мной	**with me**	[wɪð mɪ:]
с ним (с ней)	**with him (her)**	[wɪð hɪm, hə:]
с нами (ними)	**with us (them)**	[wɪð ʌs, ðem]
между нами (говоря)	**between you and me (ourselves)**	[bɪt**wɪ**:n ju: ənd **mɪ**: (auə**se**lvz)]
принято, согласовано	**agreed, settled**	[ə**grɪ**:d, setld]
принятые нормы	**accepted norm**	[ək**se**ptɪd nɔ:m]
в конце концов	**after all**	[**a**:ftə(r)ɔ:l]
в заключение	**in conclusion**	[ɪn kən**klu**ʒn]
Согласись, что...	**Agree that...**	[ə**grɪ**: ðæt]
Принято считать (думать)...	**It is usual to think...**	[ɪt ɪz **ju**:ʒuəl tə **Ɵɪ**ŋk]
Ты согласовал это с ним?	**Did you settle it with him?**	[dɪd ju: setl ɪt wɪð hɪm]

СПАТЬ — SLEEP – SLEPT – SLEPT – SLEEPING
[slɪ:p] [slept] [**slɪ**:pɪŋ]

SIMPLE

Present	Past	Future
I, you, we, they **sleep.**	I, you, we, they,	I, you, we, they,
He, she, it **sleeps.** [slɪ:ps]	he, she, it **slept.**	he, she, it **will sleep.**
Do I, you, we they **sleep**?	**Did** I, you, we, they,	**Will** I, you, we, they,
Does he, she, it **sleep**?	he, she, it **sleep**?	he, she, it **sleep**?
I, you, we, they **don't sleep.**	I, you, we, they,	I, you, we, they,
He, she, it **doesn't sleep.**	he, she, it **didn't sleep.**	he, she, it **will not (won't) sleep.**
c. BE* SLEEPING	*p.* HAVE SLEPT	*p.c.* HAVE* BEEN SLEEPING

He sleeps very little.	Он спит очень мало.
I slept very little *yesterday* (*last night, last time*)	Я спал очень мало *вчера* (*прошлой ночью, в прошлый раз*)
I have slept only *for an hour.*	Я проспал всего *один час.*
I had slept for three hours *before he came.*	Я (про)спал 3 часа *перед тем, как он пришёл.*
He has been sleeping *since morning* (*for 3 hours, for a long time*).	Он спит *уже с утра* (*3 часа, давно*)

I was sleeping *at this time (all the time, at 5* **o'***clock, from 8 till 12 p.m.*)	Я спал в это время *(всё время, в 5 часов, с 8 до 12 ночи...)*

сон	**dream(s)**	[drɪ:m(z)]
кровать	**bed**	[bed]
одеяло	**blanket**	[**blæ**ŋkɪt]
простыни	**bed-sheet(s)**	[**be**dʃɪ:t(s)]
подушка	**pillow**	[**pɪ**lou]
грязный	**dirty**	[**də**:tɪ]
чистый	**clean**	[klɪ:n]
старый	**old**	[**o**uld]
новый	**new**	[nju:]
Спокойной ночи!	**Good night!**	[gud **næ**ɪt]
поздно	**late**	[**le**ɪt]
рано	**early**	[**ə**:lɪ]
всю ночь	**all night**	[ɔ:l **na**ɪt]
тихонько	**quietly**	[**kwa**ɪətlɪ]
с вечера	**from the evening**	[frɔm ðə **ɪ**:vnɪŋ]
до утра	**till the morning**	[tɪl ðə **mɔ**:nɪŋ]
с открытыми глазами	**with open eyes**	[wɪð **ou**pn aɪz]
всю дорогу	**all the way**	[ɔ:l ðə **we**ɪ]
всё время	**all the time**	[ɔ:l ðə **ta**ɪm]
весь урок	**during the whole lesson**	[**dju**ərɪŋ ðə ho:l **le**sn]
спал сном праведника	**slept the sleep of the just**	[slept ðə slɪ:p əv ðə **ʒʌ**st]
сонливый	**sleepy**	[**slɪ**:pɪ]
спящий	**sleeping**	[**slɪ**:pɪŋ]

на сон грядущий	**before going to bed, before bedtime**	[bɪ**fɔ**: **go**uɪŋ tə **be**d, bɪ**fɔ**: **be**dtaɪm]
его клонит ко сну	**he is sleepy**	[hɪ: ɪz **slɪ**:pɪ]
со сна	**half awake**	[ha:f ə**we**ɪk]
как во сне	**as if dreaming**	[əz ɪf **drɪ**:mɪŋ]
Ему это и во сне не снилось.	**He never dreamt of it.**	[hɪ: **ne**və **dre**mt əv ɪt]

СТОИТЬ — COST – COST – COST [kɔst] [kɔst] [kɔst]

SIMPLE

Present	Past	Future
I, you, we they **costю**	I, you, we, they,	I, you, we, they,
He, she, it **costsю** [kɔsts]	he, she, it **costю**	he, she, it **will costю**
Do I, you, we they **cost**?	**Did** I, you, we they,	**Will** I, you, we, they,
Does he, she, it **cost**?	he, she, it **cost**?	he, she, it **cost**?
I, you, we, they **don't costю**	I, you, we, they,	I, you, we, they,
He, she, it **doesn't cost.**	he, she, it **didn't cost.**	he, she, it **will not (won't) cost.**
с. не употребляется	*р.* не употребляется	*р.с.* не употребляется

It **costs** $10. — Это стоит $10.

It **cost** $ 4. — Это стоило $4.

It **will cost** $12. — Это будет стоить $12.
It **will cost** him a lot. — Это ему дорого обойдётся.

СТОЯТЬ STAND – STOOD – STOOD – STANDING
[stænd] [stu:d] [**stæ**ndɪŋ]

SIMPLE

Present	Past	Future
I, you, we they **stand.**	I, you, we, they,	I, you, we, they,
He, she, it **stands.** [stænds]	he, she, it **stood.**	he, she, it **will stand.**
Do I, you, we they **stand**?	**Did** I, you, we they,	**Will** I, you, we, they,
Does he, she, it **stand**?	he, she, it **stand**?	he, she, it **stand**?
I, you, we, they **don't stand.**	I, you, we, they,	I, you, we, they,
He, she, it **doesn't stand.**	he, she, it **didn't stand.**	he, she, it **will not (won't) stand.**
c. BE* STANDING	*p.* HAVE* STOOD	*p.c.* HAVE* BEEN STANDING

I **stand** (hold) my ground. — Я стою на своём (остаюсь верным своим убеждениям).
She **stood** a little and *went out* (*left, sat*) — Она постояла немного и *вышла* (*ушла, села*)

I **have stood** *for 15 minutes* (*for a long time*) *waiting for him.*	Я простоял *15 минут* (*долго*), ожидая его.
I **had stood** there for a while *before he joined us* (*came up to us, parted with us*)	Я постоял там недолго *перед тем, как он присоединился к нам* (*подошёл к нам, попрощался с нами*).
You **are standing** in my light (in the way).	Ты загораживаешь мне свет (дорогу).
You **have been standing** here *for an hour* (*since I came*).	Ты *уже час* (*с тех пор, как я пришёл*) стоишь здесь.
He **was standing** and smoking.	Он стоял и курил.

позиция	**stand, position**	[stænd, pəzɪʃn]
стоя	**standing**	[stændɪŋ]
стоять...	**stand...**	[stænd]
за	**for, after**	[fɔ:(r), a:ftə]
впереди	**before**	[bɪfɔ:]
передо мной	**in front of me**	[ɪn frʌnt əf mɪ:]
перед тобой (вами)	**in front of you**	[ju:]
перед ним	**in front of him**	[hɪm]
перед ней	**in front of her**	[hə:]
перед нами	**in front of us**	[ʌs]
перед ними	**in front of them**	[ðem]
на своём	**stood his ground**	[stu:d hɪz graund]
встать	**stand up**	[stænd ʌp]
Стоял...	**stood...**	[stu:d]
на страже	**on guard**	[ɔn ga:d]
напротив	**opposite**	[ɔpəzɪt]
рядом с	**next to**	[nekst tu:]

снаружи	**outside**	[**au**tsaɪd]
внутри	**inside**	[**ɪn**saɪd]
сбоку	**on the side**	[ɔn ðə **sa**ɪd]
на посту	**was on duty**	[wɔz ɔn **du**tɪ]
в очереди	**~ in line**	[ɪn **la**ɪn]
на его пути	**~ in his way**	[ɪn hɪz **we**ɪ]
на повестке	**~ on the agenda**	[ɔn ðə ə**ʒe**ndə]
Цены стоят (были) высокие.	**Prices are (were) high.**	[**pra**ɪsɪz a: (wə:) **ha**ɪ]

ТРЕБОВАТЬ **DEMAND – DEMANDED – DEMANDED – DEMANDING**
[dɪ**ma:**nd] [dɪ**ma:**ndɪd] [dɪ**ma:**ndɪd] [dɪ**ma:**ndɪŋ]

SIMPLE

Present	Past	Future
I, you, we they **demand.**	I, you, we, they,	I, you, we, they,
He, she, it **demands.** [dɪ**ma:**nds]	he, she, it **demanded.**	he, she, it **will demand.**
Do I, you, we, they **demand**?	**Did** I, you, we, they,	**Will** I, you, we, they,
Does he, she, it **demand**?	he, she, it **demand**?	he, she, it **demand**?
I, you, we, they **don't demand.**	I, you, we, they,	I, you, we, they,

He, she, it **doesn't demand.**	he, she, it **didn't demand.**	he, she, it **will not (won't) demand.**
c. BE* DEMANDING	*p.* HAVE* DEMANDED	*p.c.* HAVE* BEEN DEMANDING

He *always* (*often, seldom, sometimes, usually*) **demands** something.	Он *всегда* (*часто, иногда, обычно*) требует что-то.
He **demanded** it *last time* (*month, year, three weeks ago*)	Он требовал это *в прошлый раз* (*в прошлом месяце, году, 3 недели назад*)
This month (*year, week*) we **have demanded** to increase our wages.	*В этом месяце* (*году, на этой неделе*) мы потребовали увеличить нашу заработную плату.
We **had demanded** to increase our wages *by the end of the last month*(*year*).	Мы потребовали увеличить нам заработную плату *к концу прошлого месяца (года).*
You **have been demanding** to increase your wages *since last year* (*week, month, all the time, for a week now*).	Вы требуете увеличить вам заработную плату *с прошлого года (с прошлой недели, месяца, постоянно, вот уже неделю.*

требование	**demand**	[dı**ma**:nd]
требовать	**to demand**	[tə dı**ma**:nd]
требуется (пользуется спросом)	**in demand**	[ın dı**ma**:nd]

требуется (нужно, необходимо) **on demand** [ɔn dɪ**ma**:nd]

УХОДИТЬ, ПОКИДАТЬ, УЕЗЖАТЬ

LEAVE – LEFT – LEFT – LEAVING
[lɪ:v] [left] [**lɪ**:vɪŋ]

SIMPLE

Present	Past	Future
I, you, we, they **leave.**	I, you, we, they,	I, you, we, they,
He, she, it **leaves.** [lɪ:vs]	he, she, it **left.**	he, she, it **will leave.**
Do I, you, we, they **leave**?	**Did** I, you, we, they,	Will I, you, we, they,
Does he, she, it **leave**?	he, she, it **leave**?	he, she, it **leave**?
I, you, we, they **don't leave.**	I, you, we, they,	I, you, we, they,
He, she, it **doesn't leave.**	he, she, it **didn't leave.**	he, she, it **will not (won't) leave.**
c. BE* LEAVING	*p.* HAVE* LEFT	*p.c.* HAVE* BEEN LEAVING

Usually I **leave** at 5 p.m. (*early, late, in time*) Я обычно ухожу в 5 вечера (*рано, поздно, вовремя*)

She **left** *5 minutes* (*two weeks*) *ago* (*yesterday, last month, year, summer*)	Она ушла (уехала) *5 минут* (*2 недели*) *назад* (*вчера, в прошлом месяце, году, прошлым летом*)
She **has** *already* (*just*) **left**.	Она уже (*только что*) ушла.
She had left *before you called* (*warned, asked, did*)	Она ушла *перед тем, как ты позвонил* (*предупредил, спросил, попросил, сделал*)
He **is leaving for** Turkey next week (next month, year, soon).	Он уезжает в Турцию *на следующей неделе* (*в следующем месяце, году, скоро*).

покидать, уходить, уезжать	**to leave**	[tə **lɪ**:v]
быстро	**quickly**	[**kwɪ**klɪ]
медленно	**slowly**	[**slo**ulɪ]
дом, здание (из дома, из здания)	**the house, the building**	[ðe **ha**us, ðe **bɪ**ldɪŋ
вышел от меня	**left my place**	[left **ma**ɪ **ple**ɪs]
Где тут выход?	**Where is the exit?**	[**we**ərɪz ðə **e**ksɪt]
оставь	**leave**	[lɪ:v]
это	**it**	[ɪt]
уехать в	**for**	[fɔ:]
прекратить, перестать	**off**	[ɔf]

УЧАСТВОВАТЬ	**PARTICIPATE – PARTICIPATED –** [pa:tısıpeıt] [pa:tısıpeıtıd] **PARTICIPATED –** [pa:tısıpeıtıd] **PARTICIPATING** [pa:tısıpeıtıŋ]

см. также **to take part in**

SIMPLE

Present	Past	Future
I, you, we they **participate.**	I, you, we, they,	I, you, we, they,
He, she, it **participates.** [pa:tısıpeıts]	he, she, it **participated.**	he, she, it **will participate.**
Do I, you, we they **participate**?	**Did** I, you, we they,	**Will** I, you, we, they,
Does he, she, it **participate**?	he, she, it **participate?**	he, she, it **participate**?
I, you, we, they **don't participate.**	I, you, we, they,	I, you, we, they,
He, she, it **doesn't participate.**	he, she, it **didn't participate.**	he, she, it **will not (won't) participate.**
c. BE* PARTICIPATING	*p.* HAVE* PARTICIPATED	*p.c.* HAVE* BEEN PARTICIPATING

I *often* (*never, always, sometimes*) **participate**in festivals.	Я часто (*никогда не, всегда, иногда*) *принимаю участие в фестивалях*.
He **participated (took part)** in the festival of 1980 (*last year, 5 years ago*)	Он принимал участие в фестивале 1980 года (*в прошлом году, 5 лет назад*)
They **have** *never* (*already*) *participated* in festivals.	Они *никогда не* (*уже*) участвовали в фестивалях.
I **had participated** in the festival *before you were born* (*we met*)	Я принимал участие в фестивале ещё *до того, как ты родился мы встретились*)
I **have been participating** in festivals *since 1970* (*for many years now*).	Я принимаю участие в фестивалях *с 1970 года* (*уже много лет*).
I **am participating** in the concert.	Я принимаю участие в концерте.

участвовать...	**participate...**	[pa:**tɪ**sɪpeɪt]
в совещании	**in the discussion**	[ɪn ðə dɪs**kʌ**ʃn]
в работе	**in the work**	[ɪn ðə **wə**:k]
в этом деле	**in this matter (business)**	[ɪn ðɪs **mæ**tə, (**bɪ**znɪs)]
в конфликте	**in the conflict**	[ɪn ðə **kɔ**nflɪkt]
в расходах	**in the expenses**	[ɪn ðə ɪks**pe**nsɪz]
участник	**participant**	[pa:**tɪ**sɪpent]

УЧИТЬ, ИЗУЧАТЬ	**STUDY – STUDIED – STUDIED –** [**st**ʌdɪ] [**st**ʌdɪd] **STUDYING** [**st**ʌdɪŋ]

SIMPLE

Present	Past	Future
I, you, we, they **study.**	I, you, we, they,	I, you, we they,
He, she, **studies.** [**st**ʌdɪz]	he, she **studied.**	he, she, it **will study.**
Do I, you, we, they **study**?	Did I, you, we, they,	**Will** I, you, we, they,
Does he,she, it **study**?	he, she, it **study**?	he, she, it **study**?
I, you, we, they **don't study.**	I, you, we, they	I, you, we, they,
He, she, it **doesn't study.**	he, she, it **didn't study.**	he, she, it **won't study.**
c. BE* STUDYING	*p.* HAVE* STUDIED	*p.c.* HAVE* BEEN STUDYING

I **study** biology.	Я изучаю биологию.
I **studied** it *last year* (*3, many years ago; when I was at school, last summer*)	Я изучал это *в прошлом году* (*3 года, много лет назад; когда учился в школе прошлым летом*)
I **have** *never* (*already*) **studied** Chinese.	Я никогда не (уже) изучал китайский.

I **had studied** English *before I entered the University.*	Я изучал английский *перед поступлением в университет.*
I **have been studying** English *since last year* (*month, winter, for 3 weeks*)	Я изучаю английский *с прошлого года* (*месяца, с прошлой зимы, уже 3 недели*)
I **am studying** English *now* (*at school, from 5 till 7 p.m. all day long*).	Я изучаю (учу) английский *сейчас* (*в школе, с 5 до 7 вечера, весь день*

учёба	**studying**	[**stʌ**dɪɪŋ]
учебный класс	**classroom**	[**kla**:(æ)sru:m]
изучаемый, изученный	**is(was) studied**	[ɪt wɔz **stʌ**dɪd]
образованный человек	**scholarly**	[**skɔ**lərlɪ]
учебная программа	**syllabus**	[**sɪ**ləbəs]
учебники	**schoolbooks**	[**sku**:lbuks]
лектор	**lecturer**	[**le**kʧərə]
учитель...	**teacher for...**	[**tɪ:**ʧə fɔ:]
арифметики	**arithmetic**	[ə**rɪ**θmətɪk]
биологии	**biology**	[baɪ**ɔ**ləʒɪ]
гимнастики	**exercise, gym**	[**e**ksɪsaɪz, ʒɪm]
географии	**geography**	[ʒɪ**ɔ**grəfɪ]
иврита	**Hebrew**	[**hɪ**bru:]
истории	**history**	[**hɪ**stərɪ]
литературы	**literature**	[**lɪ**tərəʧə]
математики	**mathematics**	[mæθɪ**mæ**tɪks]
обществоведения	**civics**	[**sɪ**vɪks]
по компьютерам	**computers**	[kəm**pju:**təz]

физики	**physics**	[**fi**zıks]
химии	**chemistry**	[**ke**mıstrı]
иностранного языка	**language**	[**læ**ŋgwıʒ]
Учился 5 лет, чтобы стать...	**I studied 5 years to becomea/an...**	[aı **stʌ**dıd 5 jeəz tə bı**kʌ**m]
бухгалтером	**accountant**	[ən ə**ka**untənt]
водителем	**driver**	[ə **dra**ıvə]
врачом	**doctor**	[ə **dɔ**ktə]
инженером	**engineer**	[ən **e**nʒı**nı**ə]
инспектором (контролёром)	**controller**	[ə kɔnt**ro**ulə]
медсестрой	**nurse**	[ə nə:s]
металлургом	**metallurgist**	[ə **me**tə**lə**:ʒıst]
механиком	**mechanic**	[ə mı**kæ**nık]
руководителем производства	**production manager**	[ə prə**dʌ**kʃn **mæ**nəʒə]
связистом	**communications worker**	[ə kɔmju:nı**ke**ıʃnz **wə**:kə]
слесарем	**metalworker (smith)**	[ə **me**təlwə:kə (smıΘ)]
столяром	**carpenter**	[ə **ka**:pıntə]
строителем	**builder**	[ə **bı**ldə]
электриком	**electrician**	[ən **ele**ktrıʃn]
Учился на врача по специализации:	**I studied medicine, specializing in:**	[aı **stʌ**dıd **me**dsın speʃıə**la**ızıŋ ın]
болезни дыхательных путей	**respiratory deseases**	[respı**re**ıtərı dı**zı**:zız]
внутренние болезни	**internal deseases**	[ın**tə**:nəl dı**zı**:zız]
детские ~	**children's ~**	[**ʧı**ldrənz dı**zı**:zız]
инфекционные ~	**infectious ~**	[ın**fe**kʃəs dı**zı**:zız]

кожные заболевания	**skin disorders**	[skın dı**sɔ**:dəz]
болезни сердца	**heart deseases**	[ha:t dı**zı**:zız]
хирургические болезни	**surgery**	[**sə**:ʒərı]
Он (она) учился в...	**He (she) studied at...**	[hı: (ʃı:) **stʌ**dıd æt]
школе	**school**	[sku:l]
начальной	**primary**	[**pra**ımərı sku:l]
средней	**secondary**	[**se**kəndərı sku:l]
высшей	**high**	[**haı** sku:l]
колледже	**college**	[**kɔ**lıʒ]
университете	**the university**	[ðə ju:nı**və**:sıtı]
обучать	**to teach**	[tə **tı**:ʧ]

УЧИТЬ, УЧИТЬСЯ — LEARN – LEARNT – LEARNT – LEARNING

[lə:n] [lə:nt] [**lə**:nıŋ]

SIMPLE

Present	Past	Future
I, you, we they **learn.**	I, you, we, they,	I, you, we, they,
he, she, it **learns** [lə:nz]	he, she, it **learnt.**	he, she, it **will learn.**
Do I, you, we they **learn**?	**Did** I, you, we they,	**Will** I, you, we, they,
Does he, she, it **learn**?	he, she, it **learn?**	he, she, it learn?

I, you, we, they **don't learn.**	I, you, we, they,	I, you, we, they,
he, she, it **doesn't learn.**	he, she, it **didn't learn.**	he, she, it **will not (won't) learn.**
c. BE* LEARNING	*p.* HAVE* LEARNT	*p.c.* HAVE* BEEN LEARNING

I **learn** at night.	Я учусь по ночам.
I **learnt** at this school (*when I was 11, many years ago, in 1975*)	Я учился в этой школе (*когда мне было 11, много лет назад, в 1975 году*)
He **has** (*already, just*) **learnt** the grammar rules (*today, this week*)	Он выучил (*уже, только что*) правила грамматики (*сегодня, на этой неделе*)
I **had learnt the rule by the end** of the last week.	Я выучил правило *к концу прошлой недели.*
He **has been learning** it *since morning* (*for a long time, for two hours now*).	Он учит его *с утра* (*долго уже, уже два часа*).
I **was learning** the rule *the whole evening* (*from 6 till 8 p.m., till late at night*)	Я учил правило *весь вечер* (*с 6 до 8 вечера, до поздна*)

учить:	**to learn:**	[tə lə:n]
иностранный язык:	**a foreign language:**	[ə **fɔ**rɪn **læ**ŋgwɪʒ]
английский	**English**	[**ɪ:ŋ**glɪʃ]
русский	**Russian**	[**rʌ**ʃn]
французский	**French**	[frentʃ]
немецкий	**German**	[**ʒə**:mən]
испанский	**Spanish**	[**spæ**nɪʃ]

иврит	**Hebrew**	[**hɪ**:bru:]
латинский	**Latin**	[**læ**tɪn]
учиться...	**to learn...**	[tə lə:n]
плавать	**to swim**	[tɔ swɪm]
играть на пианино	**to play the piano**	[tɔ **ple**ɪ ðə **pjæ**nou]
в шахматы	**chess**	[ʧes]
в карты	**cards**	[ka:dz]
узнать...	**to learn...**	[tə lə:n]
о нём	**about him**	[ə**ba**ut hɪm]
о его роли	**about his role**	[ə**ba**ut hɪz **ro**ul]
много	**a lot**	[ə**lɔ**t]
мало	**a little**	[ə**lɪ**tl]

ЧИТАТЬ — READ – READ – READ – READING

[rɪ:d] [red] [rɪ:dɪŋ]

SIMPLE

Present	Past	Future
I, you, we they **read.** He, she, it **reads.** [rɪ:dz]	I, you, we, they, he, she, it **read.** [red]	I, you, we, they, he, she, it **will read.**
Do I, you, we they **read**? **Does** he, she, it **read**?	**Did** I, you, we they, he, she, it **read?**	**Will** I, you, we, they, he, she, it **read**?
I, you, we, they **don't read.**	I, you, we, they,	I, you, we, they,

He, she, it **doesn't read.**	he, she, it **didn't read.**	he, she, it **will not (won't) read.**
c. BE* READING	*p.* HAVE* READ	*p.c.* HAVE* BEEN READING

I **read** [rɪ:d] English.	Я читаю по-английски.
I **read** [red] it *many years ago* (*last year, month, yesterday, a week ago*) in a newspaper.	Я читал это *много лет назад* (*в прошлом году, месяце, вчера, неделю назад*) в газете.
I **have** *just* (*already, today*) **read** [red] it.	Я *только что* (*уже, сегодня*) прочитал это.
I **had** *just* **read** it *before you rang* (*came, said, did, sent*)	Я прочитал это как раз *перед тем, как ты позвонил* (*пришёл, сказал, сделал, послал*).
I **have been reading** this book *since Friday* (*Saturday, Sunday, Monday, Tuesday, Wednesday, Thursday, since last week, for a week now*)	Я читаю эту книгу *с пятницы* (*с субботы, воскресенья, понедельника, вторника, со среды, с четверга, с прошлой недели, уже неделю*)
I **am reading** this book with pleasure (*now, all the time*)	Я читаю эту книгу с удовольствием (*сейчас, всё это время*)

Я хочу читать...	**I want to read...**	[aɪ wɔnt tə rɪ:d]
книгу	**a (the) book**	[ə (ðə) **bu**k]
газету	**a (the) newspaper**	[ə (ðə) **nju:**speɪpə]
письмо	**the letter**	[ðə **le**tə]
эту статью	**this article**	[ðɪs **a**:tɪkl]

Что ты читаешь?	**What are you reading?**	[wɔt a: ju: **rɪ**:dɪŋ]
Есть что-нибудь почитать?	**Is there anything to read? (Have you got anything to read?)**	[ɪz ðeə(r) **e**nɪθɪŋ tə **rɪ**:d (hæv ju: got **e**nɪθɪŋ tə **rɪ**:d)]
читать...	**to read...**	[tə rɪ:d]
во время	**at**	[æt]
громче	**louder**	[**la**udə]
вычитать в	**from (out of)**	[frɔm (**a**ut ɔv)]

ХОТЕТЬ WANT – WANTED – WANTED – WANTING

[wɔnt] [**wɔ**ntɪd] [**wɔ**ntɪŋ]

SIMPLE

Present	Past	Future
I, you, we they **want.**	I, you, we, they,	I, you, we, they,
He, she, it **wants.** [wɔnts]	he, she, it **want.**	he, she, it **will want.**
Do I, you, we, they **want**?	**Did** I, you, we, they,	**Will** I, you, we, they,
Does he, she, it **want**?	he, she, it **want?**	he, she, it **want**?
I, you, we, they **don't want.**	I, you, we, they,	I, you, we, they,
He, she, it **doesn't want.**	he, she, it **didn't want.**	he, she, it **will not (won't) want.**
с. не употребляется	*р.* HAVE* WANTED	р.*с.* не употребляется

he **wants** to meet you.	Она хочет познакомиться с Вами (с тобой).
I **want** him to meet you.	Я хочу, чтобы он познакомился с тобой.
He **wanted** to leave.	Он хотел уйти.

Я (мы) хочу (хотим)...	**I (we) want...**	[**a**ı (wı:) wɔnt]
выяснить	**to clarify**	[**kle**ərıfaı]
сделать	**to do**	[tə **du**:]
кушать	**to eat**	[tə **ı**:t]
встретиться с	**to meet**	[tə **mı**:t]
пить	**to drink**	[tə **drı**ŋk]
попросить	**to request, to ask for**	[tə rık**we**st, tə **a**:(æ)sk fɔ:]
присесть	**to sit for a while**	[tə **sı**t fɔ:rə**wa**ıl]
подумать	**to think**	[tə **θı**ŋk]
отдохнуть	**to rest**	[tə **re**st]
прилечь	**to lie down**	[tə **la**ı **da**un]
немного поспать	**to sleep a little**	[tə **slı:**p ə**lı**tl]
денег	**money**	[**mʌ**nı]
квартиру	**an apartment**	[ə**pa**:tmənt]
сказать тебе, что	**to tell you that**	[tə **te**l ju: ðæt]
увидеть...	**to see...**	**[tə sı:]**
это	**this**	[ðıs]
моих родственников	**my relatives**	[**ma**ı **re**lətıvs]
этого чиновника	**this clerk**	[ðıs **kla**:k]
эту анкету	**this form**	[ðıs **fɔ**:m]
это место	**this place**	[ðıs **ple**ıs]
этого человека	**this man**	[ðıs **mæ**n]

пойти...	**to go...**	[tə **go**u]
туда	**there**	[**ðe**ə]
к нему	**to him**	[tə **hɪ**m]
к тебе	**to you**	[tə **ju**:]
в туалет	**to the toilet**	[tə ðə **tɔ**ılıt]
в банк	**to the bank**	[tə ðə **bæ**ŋk]
к врачу	**to the doctor**	[tə ðə **dɔ**ktə]
в поликлинику	**to the clinic**	[tə ðə **klı**nık]
на море	**to the sea**	[tə ðə **sı**:]
играть	**to play**	[tə **ple**ı]
провести время	**to spend time**	[tə **spe**nd **ta**ım]
посмотреть	**to see**	[tə **sı**:]
встретить	**to meet**	[tə **mı**:t]
учиться	**to learn**	[tə **lə**:n]
купить	**to buy**	[tə **ba**ı]
Требуются, нужны...	**wanted...**	[**wɔn**tıd]
немедленно	**immediately**	[ı**mı**dıətlı]
всё время	**all the time**	[ɔ:l ðə **taı**m]
только	**only**	[**ou**nlı]
то же самое	**the same**	[ðə **se**ım]
что-нибудь другое	**something different**	[**sʌ**mΘıŋ **dı**frənt]
принять меня	**to accept me**	[tə ək**se**pt mı:]
дать мне ответ	**to answer me**	[tə **a:(æ)**nsə mı:]
найти мне...	**to find for me...**	[tə **fa**ınd... fɔ mı:]
работу	**work**	[wə:k]
квартиру	**an apartment**	[ə**pa**:tmənt]
Требуются...	**Wanted...**	[**wɔn**tıd]
строители	**builders**	[**bı**ldəz]
каменщики	**bricklayers**	[**brı**kleıəz]

штукатуры	**plasterers**	[**pla**:(æ)stərəz]
электрики	**electricians**	[**e**lektrɪʃ(ə)nz]
слесаря	**metalworkers**	[**me**təlwə:kəz]
шофера	**drivers**	[**dra**ɪvəz]
маляры	**painters**	[**pe**ɪntəz]
сварщики	**welders**	[**we**ldəz]
столяры	**carpenters**	[**ka**:pɪntəz]
продавцы	**salesmen**	[**se**ɪlzmen]
продавщицы	**salesmen (women)**	[**se**ɪlzmen (**wɪ**mɪn)]
секретарши	**secretaries**	[**se**krɪtərɪ:z]
программист	**programmer**	[**pro**ugrəmə]
агент	**agent**	[**eɪ**ʒənt]
курьер	**messenger**	[**me**sənʒə]
официант(ка)	**waiter (waitress)**	[**we**ɪtə (**we**ɪtrɪs)]
няня	**a nurse-maid, nanny**	[ə **nə**:smeɪd, **næ**nɪ]
учитель математики	**mathematics teacher**	[mæθɪ**mæ**tɪks **tɪ**:ʧə]
рабочие	**workers**	[**wə**:kəz]
инженеры	**engineers**	[**en**ʒɪ**nɪ**əz]

Выражения

А

А мне какое дело?!	**I dont care**	[**a**ɪ **do**unt **ke**ə]

Б

балаган	**mess**	[mes]
Беги!	**Run!**	[rʌn]
Беги быстрей!	**Run faster!**	[rʌn **fa**:stə]
без задоринки	**smoothly**	[**smu**:ðlɪ]
без колебаний	**without hesitation**	[wɪ**ða**ut hezɪ**te**ɪʃn]
безответственность	**irresponsibility**	[ɪrɪspənsɪ**bɪ**lɪtɪ]
безрезультатно	**without anything**	[wɪ**ða**ut **enɪ**Θɪŋ]
Береги себя!	**Look after yourself!; Take care of yourself!**	[**luk a**:ftəj ɔ:**se**lf]; [**te**ɪk **ke**ər əv jɔ:**se**lf]
благодаря...	**thanks to**	[Θæŋks tu:]
ближайший	**next; the nearest**	[nekst]; [ðə **nɪ**ərɪst]
Болван!	**Blockhead!**	[**blɔ**khed]
большая часть	**most of the part**	[**mo**ust əv ðə pa:t]
большинство	**most**	[**mo**ust]
Большое спасибо!	**Thanks a lot!**	[Θæŋks **əlɔ**t]
большая часть времени	**most of the time**	[**mo**ust əv ðə **ta**ɪm]
Брось это дело!	**Let it go!**	[let ɪt **go**u]
Будем действовать в соответствии с...	**We'll behave in accordance with...**	[wɪ:l bɪ**he**ɪv ɪn ə**kɔ**:dəns wɪð]
Будем надеяться.	**We'll hope.**	[wɪ:l **ho**up]
Будем надеяться, что это так.	**We hope that's just it.**	[wɪ: **ho**up ðæts **ʒʌ**st ɪt]

Будем рады тебя видеть.	**We'll be happy to see you.**	[wi:l bi: **hæ**pi tə **si**: ju:]
Буду рад(а) тебя видеть.	**I'll gladly see you.**	[**a**il **glæ**dli si: ju:]
Будьте так добры!	**Be so kind...**	[bi: s**o**u **ka**ind]
буквально	**literally; word for word**	[**li**tərəli]; [wə:d fə wə:d]
быстро	**quickly**	[**kwi**kli]
Быстро!	**Come quickly!**	[kʌm **kwi**kli]
быть в курсе	**to be on the point (in the know)**	[tə bi: ɔn ðə **pɔ**int (in ðə **no**u]

В

в ближайшем будущем	**in the short run**	[in ðə ʃɔ:t rʌn]
в большинстве случаев	**in most cases**	[in **mo**ust **ke**isiz]
в Вашем распоряжении	**at your disposal**	[ət jɔ: dis**po**uzəl]
в другой раз	**another (next) time**	[ə**nʌ**ðə, nekst **ta**im]
в защиту	**in favour of**	[in **fe**ivə əv]
в качестве	**as a..., in the position of**	[æz ə..., in ðə pə**zi**ʃn əv]
в назначенный час (срок)	**on time**	[ɔn **ta**im]
в нужный час	**when the time comes**	[wen ðə **ta**im kʌmz]
в основном	**mostly**	[**mo**ustli]
в ответ	**as a reaction**	[æz ə ri**æ**kʃn]
в первую очередь	**first and foremost; first of all, firstly**	[fə:st ənd fɔ:**mo**ust]; [fə:st əv **ɔ**:l]; **fə**:stli]
в перспективе	**in the long run**	[in ðə **lɔ**ŋ rʌn]

В полном порядке.	**All right.**	[ɔ:l **ra**ɪt]
в полном смысле слова	**in the fullest meaning of the word**	[ɪn ðə **fu**lɪst **mɪ**:nɪŋ əv ðə**wə**:d]
в расцвете сил	**at his fittest; in his prime**	[ət hɪz **fɪ**tɪst]; [ɪn hɪz **pra**ɪm]
в результате	**the result of**	[ðə rɪ**zʌ**lt əv]
в самом деле.	**Really so.**	[**rɪ**əlɪ **so**u]
в силу того, что...	**because of**	[bɪ**kɔ**:z əv]
в следствие	**the result of**	[ðə rɪ**zʌ**lt əv]
в случае, если...	**in case of, in the event of**	[ɪn **ke**ɪs əv, ɪn ðə ɪ**ve**nt əv]
в сущности	**in fact**	[ɪn **fæ**kt
в течение	**during**	[**dju**:ərɪŋ]
в то же самое время, по ходу	**at the same time**	[ət ðə **se**ɪm **ta**ɪm]
в том же самом месте	**in the same place**	[ɪn ðə **se**ɪm p**le**ɪs]
в тот же момент	**at the same moment**	[ət ðə **se**ɪm **mo**umənt]
в целом	**on the whole (as a whole)**	[ɔn ðə **ho**ul]
в частности	**in particular**	[ɪn pa:**tɪ**kjulə]
ввиду того, что...	**in view of the fact that; since**	[ɪn vju: əv ðə fækt ðæt]; [sɪns]
вдруг	**suddenly**	[**sʌ**dnlɪ]
везде	**everywhere**	[**ev**rɪweə]
видимо	**apparently; evidently**	[ə**pæ**rəntlɪ]; [**e**vɪdəntlɪ]
Видишь его?	**Do you see him?**	[du ju: sɪ: hɪm]
вместо	**instead of**	[ɪn**ste**d əv]
вместо этого	**instead of it**	[ɪn**ste**d əv ɪt]

внутри	**inside**	[**ın**saıd]
во всех отношениях	**in all respects**	[ın ɔ:l rıs**pe**kts]
во всяком случае...	**anyway...**	[**e**nıweı]
во главе	**at the head**	[ət ðə **he**d]
Вовсе нет!	**Not really!**	[nɔt **rı**əlı]
Вольно!	**Stand at ease!**	[stænd ət **ı**:z]
Вон отсюда!	**get out!**	[get **a**ut]
вообще	**generally, in general**	[**ʒe**nərəlı, ın **ʒe**nərəl]
Вот видишь!	**You see!**	[ju: sı:]
Вот это да!	**Incredible!**	[ın**kre**dıbl]
впервые	**for the first time**	[fə ðə **fə**:st **ta**ım]
Вроде ничего, порядок.	**It sounds good.**	[ıt **sa**undz gud]
всё	**everything**	[**ev**rıΘıŋ]
всё в порядке	**everything is O.K.**	[**ev**rıΘıŋ ız ou**ke**ı]
всё в порядке, кроме	**everything is fine except for**	[**ev**rıΘıŋ ız **faı**n ı**kse**pt fɔ:]
всё, что хочешь	**anything you want**	[**e**nıΘıŋ ju: wɔnt]
всеми силами	**to the best of my ability; at his strongest**	[tə ðə **be**st əv **ma**ı ə**bı**lıtı]; [ət hız **strɔ**ŋıst]
всё-таки	**still, yet**	[stıl, jet]
вскоре	**soon**	[su:n]
вследствие выше указанного	**thus, so, as a result**	[ðʌs, **so**u, æz ə rı**zʌ**lt]
Встретимся в...	**We'll meet at...**	[wı:l mı:t ət...]

Г

Где?	**Where?**	[**we**ə]
Где тебя носит?	**Where are you hanging out?**	[**we**əra: ju: **hæ**ŋıŋ **a**ut]

Где ты пропадаешь?	**Where have you been?**	[**we**ə hæv ju: bɪ:n]
Где уж там?	**Who are you kidding?**	[hu: a: ju: **kɪ**dɪŋ]
глава, голова	**head**	[hed]
глупец	**fool**	[ful]
глупо	**that's foolish**	[ðæts **fu**lɪʃ]
Говори!	**Speak up!**	[spɪ:k ʌp]

Д

Да ещё как!	**And how!**	[ənd **ha**u]
Да, конечно.	**certainly; Yes, of course.**	[**sə**:tnlɪ]; [jes ɔv **kɔ**:s]
Да ты что?	**Really?**	[**rɪ**əlɪ]
Давай сделаем...	**Let's do it**	[lets **du**: ɪt]
Давайте перекусим.	**Let's have a snack.**	[lets hæv ə**snæ**k]
даже, если...	**even if...**	[ɪ:vn ɪf]
Даже, если ты уже сделал это!	**Even if you did it.**	[ɪ:vn ɪf ju: **dɪ**d ɪt]
Дай, я посмотрю.	**Let me see**	[let mɪ: **sɪ**:]
Дайте мне слово.	**Let me have my say**	[let mɪ: hæv **ma**ɪ **se**ɪ]
дважды	**twice**	[**twa**ɪs]
действительно, точно	**indeed, exactly**	[ɪn**dɪ**:d, ɪgz**æ**ktlɪ]
Действительно?	**Is it true?; Really?**	[ɪz ɪt tru:]; [**rɪ**əlɪ]
Дикарь!	**Wild thing!**	[**wa**ɪld Θɪŋ]
Для чего?	**What for?**	[wɔt **fɔ**:]
До скорой встречи.	**See you soon.**	[sɪ: ju: su:n]
Добро пожаловать!	**Welcome!**	[**we**lkəm]
Доброе утро!	**good morning!**	[gud **mɔ**:nɪŋ]
Доволен?	**Are you pleased (satisfied)?**	[a: ju: plɪ:zd (**sæ**tɪsfaɪd)]
Довольно!	**Enough!**	[ɪ**nʌ**f]
достигать	**to reach, to obtain**	[tə **rɪ**:ʧ, tə əb**te**ɪn]

Е

единогласно	**unanimous**	[junænıməs]
Ей-Богу!	**Believe me!; Honestly! ; Upon my word!**	[bılı:v mı:]; [ɔ:nəstlı]; [ʌpɔn maı wə:d]
Ему этого достаточно.	**That's enough for him.**	[ðæts ınʌf fə hım]
Ерунда! Чушь!	**Nonsense!**	[nɔnsəns]
если бы	**if**	[ıf]
если бы не ты...	**if not for you**	[ıf nɔt fə ju:]
если бы я знал...	**if I knew**	[ıf aı nju:]
Если так..., Ах, ты так...	**If so...**	[ıf sou]
Есть вопрос!	**I've got a question!**	[aı got əkwestʃn]
Ещё какая правда!	**Yes, indeed, correct!**	[jes ındı:d kərekt]

Ж

жаль	**a pity**	[əpıtı]
жаль, что он	**a pity that he...**	[əpıtı ðat hı:]
желательно	**desirable**	[dızaıərəbl]
Желательно, чтобы ты был в курсе.	**Desirable you should know.**	[dızaıərəbl ju: ʃud nou]
Желаю приятно провести время!	**Have a nice time!**	[hæv ənaıs taım]

З

за	**in favour of**	[ın feıvə əv]
за неимением выбора	**not having a choice**	[nɔt hævıŋ ətʃɔıs]
за неимением чего-либо	**for lack of smth.**	[fɔ: læk əv sʌmθıŋ]
За что?	**What for?**	[wɔt fɔ:]
Забудем!	**Forget it!**	[fəget ıt]

зависит от обстоятельств	**it depends...**	[ɪt dɪpendz]
Замолчи уже!	**Shut up already!**	[ʃʌt ʌp ɔ:lredɪ]
зануда	**bore; pain in the neck; pest**	[bɔ:]; [peɪn ɪn ðə nek]; [pest]
запросто	**easily; without ceremony**	[ɪ:zɪlɪ]; [wɪðaut serɪmənɪ]
Заруби себе на носу!	**Mind it!**	[maɪnd ɪt]
Зачем?	**Why?**	[waɪ]
здесь	**here**	[hɪə]
Здесь всё ясно.	**Everything is clear here**	[evrɪtɪŋ ɪz klɪə hɪə]
Знаешь ли ты, что...?	**Do you know that...?**	[du ju: nou ðæt]
Знай...	**Know...**	[nou]

И

И (ну) что ещё?	**What else?**	[wɔt els]
и всё-таки	**and even so**	[ənd ɪ:vn sou]
И делу конец.	**That's all. That's final!**	[ðæts ɔ:l, ðæts faɪnəl]
и ещё	**and more...**	[ənd mɔ:]
И не проси даже.	**Don't even ask.**	[dount ɪ:vn æ(a:)sk]
и ничего больше	**and nothing else (more)**	[ənd nʌΘɪŋ els (mɔ:)]
и ничего, кроме...	**and nothing, except**	[ənd nʌΘɪŋ ɪksept]
И так всё ясно.	**Everything is clear.**	[evrɪΘɪŋ ɪz klɪə]
и чего только нет	**...and what not!**	[ənd wɔt nɔt]
И что в этом такого?	**And what of it?; So what?**	[ənd wɔt əv ɪt]; [sou wɔt]
и я тоже	**me too**	[mɪ: tu:]
и... и	**both...and**	[bouΘ...ænd]

Иди сюда!	**Come quickly!**	[kʌm **kwɪ**klɪ]
Иди уже!	**go already! Come on already!**	[**go**u ɔ:l**re**dɪ]; [kʌm **ɔ**n ɔ:l**re**dɪ]
из-за	**because of**	[bɪ**kɔ**:z əv]
Измени это!	**Change it!**	[**ʧe**ɪnʒ ɪt]
или.. или	**either... or**	[**a**ɪðə...ɔ:]
иметь идею	**to have an idea**	[tə **hæ**v ən aɪ**dɪ**ə]
иметь место, происходить	**to take place**	[tə **te**ɪk **ple**ɪs]
Итак...	**So...**	[**so**u]

К

к тому же	**in addition; besides**	[ɪn ə**dɪ**ʃn]; [bɪ**sa**ɪdz]
кавардак	**mess**	[mes]
каждое утро	**every morning**	[**ev**rɪ **mɔ**:nɪŋ]
каждый	**everyone**	[**ev**rɪwʌn]
Как?	**How?**	[**ha**u]
как будто	**as if**	[æz **ɪ**f]
как надо, как следует	**properly**	[**prɔ**pəlɪ]
Как тебе (Вам) известно...	**As you know...**	[æz ju: **no**u]
как только, пока	**as long as, as soon as**	[əz **lɔ**ŋ əz, əz **su**:n əz]
Как хочешь, на твоё усмотрение.	**As you please, as you like.**	[æz ju: plɪ:z, æz ju: **la**ɪk]
Как это?	**How do you like it?**	[**ha**u du ju: **la**ɪk ɪt]
как-нибудь	**some day**	[sʌm **de**ɪ]
Как-нибудь устроишься, справишься.	**You'll manage somehow.**	[ju:l **mæ**nɪʒ **sʌ**mhau]

Какое твоё дело?	**What do you care?**	[wɔt dju: **ke**ə]
какой-нибудь	**any**	[**e**nɪ]
Категорически нет!	**Definitely not!**	[**de**fɪnɪtlɪ nɔt]
Когда надо...	**When it is necessary**	[wen ɪt ɪz **ne**səsərɪ]
Кончено.	**It is over (finished).**	[ɪt ɪz **o**uvə, **fɪ**nɪʃd]
короче говоря, одним словом	**in a word**	[ɪn ə **wɔ**:d]
красавчик	**handsome**	[**hæ**n(d)səm]
кроме...	**except for**	[ɪ**kse**pt...]
кроме него	**except him**	[ɪ**kse**pt hɪm]
кроме того	**aside from that; except for that (this)**	[ə**sa**ɪd frɔm ðæt]; [ɪ**kse**pt fə **ðæ**t, ðɪs]
	besides	[bɪ**sa**ɪdz]
кстати	**by the way**	[**ba**ɪ ðə **we**ɪ]
Куда ты денешься?	**Where will you go?**	[**we**ə wɪl ju: **go**u]
Купи мне мороженое, пожалуйста.	**Please buy me an ice-cream.**	[plɪ:z **ba**ɪ mɪ: ən **aɪ**skrɪ:m]

Л

ладить (с кем-то)	**to get on well (with smb.)**	[tə **ge**t ɔn wel (wɪð **sʌ**mbədɪ)]
ладная девица	**beautiful**	[**bju**:tɪful]
Ладно, ладно. Полный порядок!	**O.K! Perfectly fine!**	[ou**ke**ɪ, **pə**:fəktlɪ **fa**ɪn]
легкомысленный	**light-minded**	[laɪt**ma**ɪndɪd]
лентяй	**lazy bones**	[**le**ɪzɪ **bo**unz]
Лжец!	**Liar!**	[**la**ɪə(r)]
ловко	**quickly**	[**kwɪ**klɪ]
Ложь!	**It's a lie!; Lie!**	[ɪts ə**la**ɪ]; [**la**ɪ]

М

медленно	**slowly**	[**slo**ulı]
между прочим	**by the way**	[**ba**ı ðə **we**ı]
Меня не интересует.	**It doesn't interest me.**	[ıt dʌznt **ın**trəst mı:]
Меня удивляет, что...	**I'm surprised that...**	[**a**ım sə:**pra**ızd...]
Меня это даже очень касается.	**I care a lot.**	[**a**ı **ke**ərə**lɔ**t]
Мерзость!	**Horrible!; Nasty!; Vile!**	[**hɔ**rıbl]; [næ(a:)stı]; [**va**ıl]
Минутку!	**Wait a minute**	[**we**ıt ə**mı**nət]
Мне хочется...	**I feel like ...**	[**a**ı **fı**:l **la**ık]
Мне не везёт!	**No luck!**	[**no**u lʌk]
Мне не хочется.	**I don't feel like.**	[**a**ı **do**unt fı:l **la**ık]
много	**a great deal (number) of**	[ə **gre**ıt dı:l, **nʌ**mbə(r)əv]
может быть	**maybe; perhaps ; probably**	[**me**ıbı]; [pə:**hæ**ps]; [**prɔ**bəblı]
Можно на тебя положиться?	**Can I rely on you?**	[kæn aı rı**la**ı ɔn ju:]
молча	**silently**	[**sæ**ıləntlı]
Молчи!	**Shut up!**	[ʃʌt **ʌ**p]
Мы не можем (нам нельзя)	**We can't, we aren't allowed**	[wı: kæ(a:)nt, wı: **a**:nt ə**la**ud]
мы тоже	**we too**	[wı:]

Н

на днях (в будущем)	**one of these days**	[wʌn əv ðı:z **de**ız] (future)
на днях (в прошлом)	**the other day (past)**	[ðə **ʌ**ðə **de**ı]

На каком основании?	**On what grounds?**	[ɔn wɔt **gra**undz]
на основании	**on the grounds**	[ɔn ðə **gra**undz]
на повестке дня...	**on the agenda**	[ɔn ðə ə**ʒe**ndə]
на подбор	**one by one**	[wʌn **ba**ı wʌn]
на полпути	**on half the way**	[ɔn ha:f ðə **we**ı]
на расстоянии...	**in a... distance**	[ın ə **dı**stəns]
на этом самом месте	**right here**	[**ra**ıt **hı**ə]
навсегда	**forever**	[fɔ:**re**və]
Найди мне его!	**Get (find) it (him) for me!**	[get (**fa**ınd) ıt (hım) fə mı:]
Намекнули, что...	**We were hinted that...**	[wı: wə: **hı**ntıd ðæt]
наоборот	**on the contrary**	[ɔn ðə **kɔ**ntrərı]
например	**for example, for instance**	[fɔ:r ıg**zʌ**mpl, fɔ:r **ın**stəns]
напряжённо	**tensely**	[**te**nslı]
начал говорить	**just opened his mouth**	[ʒʌst **o**upnd hız **ma**uθ]
Не бери!	**Don't take!**	[**do**unt **te**ık]
Не беспокойся!	**Don't worry!**	[**do**unt **wʌ**rı]
Не будь ты таким...	**Don't be like that!**	[**do**unt bı: **la**ık ðæt]
Не вижу связи.	**Not connected, not related**	[nɔt kə**ne**ktıd, nɔt rı**le**ıtıd]
Не дай бог!	**god forbid!**	[god fə**bı**d]
Не делай этого!	**Don't do that!**	[**do**unt **du**: ðæt]
Не за что.	**Don't mention it.**	[**do**unt **me**nʃn ıt]
Не забудь!	**Don't forget!**	[**do**unt fə**ge**t]
Не имеет значения.	**It doesn't matter.**	[ıt dʌznt **mæ**tə]
Не имеет смысла.	**It's senseless.; There's no sense.**	[ıts **se**nslıs]; [**ðe**əz **no**u sens]
Не может быть!	**(It's) impossible!**	[(ıts) ım**pɔ**sıbl]

Не молчи!	**Don't be silent!**	[dount bı: saılənt]
Не надо!; Не нужно.	**I don't need it!; It isn't necessary.**	[aı dount nı:d ıt]; [ıtıznt nesəsərı]
Не обращай внимания!	**Don't pay attention!**	[dount peı ətenʃn]
Не питай себя иллюзиями!	**Don't cherish vain hopes!**	[dount ʧerıʃ veın houps]
Не плати!	**Don't pay!**	[dount peı]
Не подходит.	**It doesn't suit.**	[ıt dʌznt sju:t]
Не принимай к сердцу!	**!Take it easy!**	[teık ıt ı:zı]
не совсем	**not quite so**	[nɔt kwaıt sou]
Не спрашивай!	**Don't ask!**	[dount æsk]
Не стоит (тебе).	**It isn't worth.**	[ıtıznt wə:Ɵ]
не так	**not that way**	[nɔt ðæt weı]
не так давно	**not so long ago**	[nɔt sou lɔŋ əgou]
не там	**not there**	[nɔt ðeə]
Не то!	**Not that!**	[nɔt ðæt]
не то же самое	**not the same**	[nɔt ðə seım]
Не то, чтобы я против, но...	**Not that I'm against it, but**	[nɔt ðæt aım əgeınst ıt, bʌt...]
Не ходи!	**Don't go!**	[dount gou]
Не хочу!	**I don't want to!**	[aı dount wɔntu:]
неважно.	**It's not important.**	[ıtıznt ımpɔ:tənt]
невежда	**churlish; ignoramus**	[ʧə:l]; [ıgnɔrəməs]
неверно	**incorrect, wrong**	[ınkərekt, rɔŋ]
Невероятно!	**Incredible!**	[ınkredıbl]
невиновен	**innocent; not guilty**	[ınnəsənt]; [nɔt gıltı]

Невозможно!	**Forbidden!; Impossible!**	[fəbɪdn]; [ɪmpɔsɪbl]
невыдержанный	**lacking self-control**	[lækɪŋ selfkəntroul]
недавно	**not long ago**	[nɔt lɔŋ əgou]
некоторые	**some of them**	[sʌm ɔv ðem]
Нельзя!	**It is forbidden.**	[ɪt ɪs fɔ:bɪdn]
Нельзя полагаться!	**You can't rely on it!**	[ju: kæ(a:)nt rɪlaɪ ɔn ɪt]
необходимое условие	**the necessary condition**	[ðə nesɪsərɪ kəndɪʃn]
непорядок.	**It isn't O.K.**	[ɪtɪznt oukeɪ]
неприятное положение	**unpleasant situation**	[ʌnplezənt sɪtju:eɪʃn]
неприятность	**annoyance; nuisance; trouble**	[ənɔɪəns]; [nju:səns]; [trʌbl]
несколько раз	**several times**	[sevərəl taɪmz]
несмотря на...	**despite of; in spite of**	[dɪspaɪt əv]; [ɪnspaɪt əv]
Несомненно.	**There's no doubt.**	[ðeəz nou daut]
несущественный	**not significant**	[nɔt səgnɪfɪkənt]
Нет (чего-либо)	**there is none**	[ðeərɪz nʌn]
нет выхода (выбора)	**there is no choice**	[ðeərɪz nou ʧɔɪs]
Нет гарантий, неизвестно.	**It isn't certain.**	[ɪtɪznt sə:tn]
Нет никаких проблем.	**No problem!**	[nou prɔbləm]
Нет никакого сомнения...	**No doubt...**	[nou daut]
Нет никакой причины...	**There's no reason...**	[ðeəz nou rɪ:zn]

Нет сил.	**I have no strength.**	[**a**ı hæv **no**u streŋΘ]
Нет сомнения, что...	**There's no doubt that.**	[**ðe**əz **no**u d**a**ut ðæt]
Нет у меня времени.	**I have no time.**	[**a**ı hæv **no**u **ta**ım]
Нет у меня настроения.	**I'm not in the mood.**	[**a**ıı æm nɔt ın ðə **mu**d]
Нет у меня никакой возможности.	**There is no way.**	[**ðe**ərız **no**u **we**ı]
Нет у тебя никакого права.	**You have no right.**	[ju: hæv **no**u **ra**ıt]
Неудивительно, что он...	**It's no wonder that...**	[ıts **no**u **wʌ**ndə ðæt]
Неужели?	**Really?**	[**rı**əlı]
неупотребительный	**not useful**	[nɔt **ju**:sful]
Нехорошо.	**It isn't O.K.**	[ı**tı**znt ou**ke**ı]
Неясно.	**It isn't clear.**	[ı**tı**znt **klı**ə]
Ни в коем случае!, Никоим образом!	**By no means!**	[**ba**ı **no**u mı:nz]
ни... ни	**neither... nor**	[**na**ıðə...nɔ:]
Нигде в Израиле.	**Nowhere in Israel.**	[**no**uweə(r) ın **ız**reıl]
Никто не хочет...	**Nobody wants...**	[**no**ubədı wɔnts]
никто, никого	**nobody, no one**	[**no**ubədı, n**o**u wʌn]
Никуда негодный.	**It is not worth it.**	[ıt ız nɔt wə:Θ ıt]
ничего	**nothing**	[**nʌ**Θıŋ]
Ничего (нет).	**There is nothing.**	[**ðe**ərız **nʌ**Θıŋ]
Ничего нового!	**Nothing new!**	[**nʌ**Θıŋ nju:]
Ничего подобного.	**Nothing of the kind.**	[**nʌ**Θıŋ əv ðə **ka**ınd]
ничего страшного	**never mind**	[**ne**və **ma**ınd]
но	**but; only**	[bʌt]; [**o**unlı]
Ну, давай!	**Come on already!**	[kʌm **ɔ**n ɔ:l**re**dı]
Ну и видик у тебя!	**You are a sight!**	[ju: ərə**sa**ıt]

Ну и ну!	**Disgusting**	[dɪzgʌstɪŋ]
Ну, как было?	**So, how was it?**	[sou hau wɔz ɪt]
Ну, ты доволен?	**Are you happy?**	[a: ju: hæpɪ]
Ну, ты идёшь?	**Are you coming?**	[a: ju: kʌmɪŋ]
нужно	**that's necessary**	[ðæts nesəsərɪ]

О

О чём?	**What about?**	[wɔt əbaut]
об этом	**about this**	[əbaut ðɪs]
Об этом не может быть и речи.	**There's nothing to talk about.**	[ðeəz nʌθɪŋ tə tɔ:k əbaut]
обдумать	**to think over**	[θɪŋk ouvə]
обеими руками	**with both hands, with open arms**	[wɪð bouθ hændz, wɪð oupn a:mz]
обо всём этом	**about all this**	[əbaut ɔ:l ðɪs]
один из них	**one of them**	[wʌn ɔv ðem]
однажды	**once**	[wʌns]
одновременно	**while at the same time**	[waɪl ət ðə seɪm taɪm]
Око за око, зуб за зуб.	**An eye for an eye, and a tooth for a tooth.**	ən aɪ fɔ:r ən aɪ, ənd ə tuθ fɔ:r ə tu:θ
Он плохо воспитан.	**He wants manners.**	[hɪ: wɔnts mænəz]
он (она) тоже	**he (she) too**	[hɪ: (ʃɪ:) tu:]
Он хорошо воспитан.	**He's wellbread.**	[hɪ:z welbred]
Они неразлучные друзья.	**They are hand and glove.**	[ðeɪ ə hænd ənd glʌv]
Оставь меня в покое.	**Leave me in peace.**	[lɪ:v mɪ: ɪn pɪ:s]
Оставьте! Забудем!	**Forget it!**	[fəget ɪt]
Осторожно!	**Be careful!**	[bɪ: keəful]
осуждённый за	**convicted**	[kənvɪktɪd]

от всего сердца	**from the bottom of my heart**	[frɔm ðə bɔtəm əv maı ha:t]
от имени	**on behalf of**	[ɔn bıha:f...]
отговорить	**to talk out**	[tə tɔ:k aut]
Открыл мне глаза на...	**He opened my eyes to (smth.)**	[hı: oupnd maı aız]
отличие	**difference**	[dıfrəns]
Отстань от меня!	**Leave me alone!**	[lı:v mı: əloun]
Очень красиво!	**Very (really) beautiful!**	[verı (rıəlı) bju:tıful]
очень медленно	**slowly, little by little**	[slouli, lıtl baı lıtl]
Очень приятно!	**So nice!**	[sou naıs]
очень хорошо	**well and good**	[wel ənd gud]

П

передышка	**a pause; time out**	[ə pɔ:z]; [taım aut]
Плохи дела!	**Things are rather bad!**	[θıŋz a: ra:ðə bæd]
по одиночке	**one by one**	[wʌn baı wʌn]
по окончании	**after finishing; in the end**	[a:ftə fınıʃıŋ]; [ın ðə end]
по случаю	**on the occasion**	[ɔn ɔkeıʒn]
повсюду	**everywhere**	[evrıweə]
погорел, «накололся»	**got screwed**	[got skru:d]
подавляющее большинство	**great majority**	[greıt məʒɔ:rıtı]
Подвинься!	**Move aside!**	[mu:v əsaıd]
Подвинься, пожалуйста.	**Please move.**	[plı:z mu:v]
Поди-ка сюда!	**Come here!**	[kʌm hıə]

Поехали!	**Let's go!**	[lets **go**u]
Пожалуйста (приглашение)	**Please; Welcome!**	[plı:z]; [**we**lkəm]
Пожалуйста!	**Welcome! With pleasure!**	[**we**lkʌ(ə)m, wıð **ple**ʒə]
Поживём, увидим.	**We'll wait and see.**	[wıl **we**ıt ənd **sı**:]
Позволь(те)..	**Allow me..., let me...**	[ə**la**u mı:..., let mı:]
Позови его к телефону.	**He is wanted to the telephone.**	[hı: ız **wɔ**ntıd tə ðə **te**lıfoun]
Позор, стыд!	**Shame on you!**	[**ʃe**ım ɔn ju:]
Пойдём!	**Let's go!**	[lets **go**u]
Пойдём?	**Shall we go?**	[ʃæl wı: **go**u]
пока; до тех пор, пока не	**till, until**	[tıl, ʌn**tı**l]
Покончим с этим делом!	**Let's come to an agreement**	[lets kʌm tə ən ə**grı**:mənt]
положить конец (чему-то)	**to put an end to**	[tə **pu**t ən **e**nd tu]
после (этого) того, как...	**after (this) that**	[**a:f**tə (ðıs) ðæt]
после всего, что было...	**after all**	[**a:f**tə(r)**ɔ**:l]
Послушай! Послушай, приятель!	**Listen! I say!**	[lısn, aı **se**ı]
посмотри	**Look!**	[luk]
посредством, с помощью	**by means of**	[**ba**ı mı:nz əv]
потом	**afterwards**	[**a:f**təwədz]
почему-то	**I don't know why**	[aı **do**unt **no**u **wa**ı]
почти	**almost**	[**ɔ:l**moust]

Пошел он к чёрту!	**Damn him!; Let him go to hell!**	[dæm hım]; [let hım **go**u tə hel]
поэтому	**that's why, therefore**	[ðæts **wa**ı, **ðe**əfɔ:]
Правда...	**It's true.**	[ıts tru:]
предварительный	**preliminary**	[prı**lı**mınərı]
преднамеренно, специально	**on purpose; purposely**	[ɔn **pə**:pəs]; [**pə**:pəslı]
Предположим...	**Let's suppose...**	[lets sə**po**uz]
прежде всего	**first of all, firstly**	[fə:st əv **ɔ**:l, **fə**:stlı]
прекрасно	**that's nice**	[ðæts **na**ıs]
при любых обстоятельствах	**in any case, anyway**	[ın **e**nı **ke**ıs]
при случае, попутно	**on occasion**	[ɔn ə**ke**ıʒn]
при условии, что...	**on condition that...**	[ɔn kən**dı**ʃn ðæt]
приблизительно	**nearly**	[**nı**əlı]
Привет!	**Hello!**	[hə**lo**u]
Привет, привет (в ответ)	**Hello! Hi!**	[hə**lo**u, **ha**ı]
привлечь внимание	**to atract (draw) attention**	[ə**træ**kt, drɔ:, ə**te**nʃn]
Придёт твой черёд.	**It will be your turn.**	[ıt wıl bı: jɔ: **tə**:n]
Придётся подумать.	**I'll have to think about it.**	[**a**ıl hæv tə **θı**ŋk ə**ba**ut ıt]
принять во внимание	**to take into account (consideration)**	[tə **te**ık **ın**tə ə**ka**unt, kənsıdə**re**ıʃn]
принять участие	**to take part**	[tə **te**ık pa:t]
Приходи завтра	**Come tomorrow!**	[kʌm tə**mɔ**rou]
Продолжим?	**Shall we go on (continue)?**	[ʃæl wı: **go**u **ɔ**n (kən**tı**nju:)]

проныра	**active; alert; quick**	[**æ**ktıv]; [əl**ə**:t]; [kwık]
просто	**simple, simply**	[sımpl], [**sı**mplı]
Просто не везёт!	**Bad luck!**	[bæd lʌk]
простонародье	**the common people**	[ðə **kɔ**mən pı:pl]
простофиля	**duffer; ninny**	[**dʌ**fə]; [**nı**nı]
Прошу внимания!	**Listen (attention), please!**	[lısn, ə**te**nʃn plı:z]
пустой трёп	**nonsense**	[**nɔ**nsəns]
Пусть уходит!	**Let him go!**	[let hım **go**u]

Р

раз за разом	**time after time**	[**ta**ım **a**:ftə **ta**ım]
Разве?	**Really?**	[**rı**əlı]
Разве не правда?	**Isn't it true?**	[ıznt ıt tru:]
Разговор (дело) закончен(о).	**The subject is over.**	[ðə **sʌ**bʒıkt ız **o**uvə]
различие	**difference**	[**dı**frəns]
расстроенный	**mood; spirits; upset**	[mu:d]; [**spı**rıts]; [ʌp**se**t]
расхохотался	**burst out laughing**	[bə:st **a**ut **lʌ**fıŋ]
рот	**mouth**	[**ma**uΘ]

С

С вашего (твоего) позволения...	**If you don't mind...**	[ıf ju: **do**unt **ma**ınd]
с другой стороны	**on the other hand**	[ɔn ðə **ʌ**ðə hænd]
с издёвкой	**mockingly**	[**mɔ**kıŋlı]
с одной стороны	**on the one hand**	[ɔn ðə wʌn hænd]
с одной только разницей	**with (only) one difference**	[wıð (**ou**nlı) wʌn **dı**frəns]
с полной отдачей	**at his strongest**	[ət hız **strɔ**ŋıst]

с удовольствием	**gladly; with pleasure**	[**glæ**dlı]; [wıð **ple**ʒə]
С ума сойти!	**great!**	[**gre**ıt]
с целью	**with / for the purpose, purposely**	[wıð/fɔ: ðə **pə**:pəs(lı)]
Садись! Сиди!	**Sit down! Sit!**	[sıt ð**a**un, sıt]
Садитесь, пожалуйста!	**Please sit down!**	[plı:z sıt **da**un]
Само собой разумеется!	**It goes without saying.**	[ıt **go**uz wı**ða**ut **se**ıŋ]
Самое главное...	**The main thing is...**	[ðə **me**ın **Θı**ŋ ız...]
Самое дорогое для меня...	**The thing most precious to me**	[ðə **Θı**ŋ **mo**ust **pre**ʃəs tə mı:]
самый лучший	**the best**	[ðə **be**st]
Свинья!	**Swine!**	[**swa**ın]
Сделай (мне) одолжение.	**Do me a favour.**	[du mı: ə**fe**ıvə]
сделать вывод	**to draw a conclusion**	[tə **drɔ**: ə kən**klu**ʒn]
сейчас	**now**	[**na**u]
Серьёзно?	**Seriously?**	[**sı**rıəslı]
серьёзный	**serious**	[**sı**ərıəs]
Сиди спокойно!	**Sit quietly!**	[sıt **kwa**ıətlı]
силён	**he's strong**	[hı:z strɔŋ]
Сию минуту!	**immediately; Wait a minute!**	[ı**mı**dıətlı]; [**we**ıt ə**mı**nət]
Скажи!	**Say!**	[**se**ı]
Скажи(те), пожалуйста...	**Tell me please...**	[tel mı: plı:z]
Скажу тебе прямо...	**I'll tell you the truth**	[**a**ıl tel ju: ðə **tru**Θ]
скрытно	**secretly**	[**sı**krıtlı]
скучно(ый)	**boring**	[**bɔ**:rıŋ]

слабоумный	**weak-minded, weak-headed**	[**wɪ**:k**ma**ɪndɪd, **wɪ**:k**he**dɪd]
слишком много	**too much**	[tu: **mʌ**tʃ]
Смирно!	**Stand straight!**	[stænd **stre**ɪt]
Смотри у меня.	**I'll teach you a lesson.**	[**a**ɪl tɪ:tʃ ju: ə**le**sn]
Смотри, что здесь есть.	**Look at what we have here.**	[luk ət wɔt wɪ: hæv **hɪ**ə]
сначала	**at first; in (from) the beginning**	[ət **fɔ**:st]; [ɪn (frɔm) ðə bɪ**gɪ**nɪŋ]
совершенно другой	**quite different**	[**kwa**ɪt **dɪ**frənt]
совершенно определённо	**quite definitely**	[**kwa**ɪt **de**fɪnɪtlɪ]
совершенно серьёзно	**quite seriously**	[**kwa**ɪt **sɪ**rɪəslɪ]
Совершенно согласен.	**I absolutely agree.**	[**a**ɪ **æ**bsəlutlɪ ə**grɪ**:]
Сойдёт!	**It will go**	[ɪt wɪl **go**u]
соответственно, согласно	**according to**	[ə**kɔ**:dɪŋ tu:]
степенно, не торопясь	**without hurrying**	[wɪ**ða**ut **hʌ**rɪɪŋ]
Стоит обратить внимание.	**It's worth to know.**	[ɪts wə:θ tə **no**u]
столкнулся с трудностями	**encountered difficulties**	[ɪn**ka**untɪd **dɪ**fɪkəltɪ:z]
Стоп! Стой!	**Stop!**	[stɔp]
Странно, что...	**It is strange that.**	[ɪt ɪz **stre**ɪnʒ ðæt]
Страшно жарко.	**It's awfully hot.**	[ɪts **ɔ**:fulɪ hɔt]
Сукин сын!	**Son of a bitch**	[sʌn ɔv ə**bɪ**tʃ]
Суть в том, что...	**The thing is that...**	[ðə **θɪ**ŋ ɪz ðæt...]
Счастливец!	**a lucky person**	[ə **lʌ**kɪ pə:sn]

Т

так как...	**because, for**	[bı**kɔ**:z, fɔ:]
так называемый	**so-called**	[**so**u**kɔ**:ld]
Так не пойдёт.	**It won't go, succeed**	[ıt **wo**unt **go**u, səksı:d]
также	**also**	[**ɔ:l**sou]
таким образом	**in this way**	[ın ðıs **we**ı]
такими словами	**with these words**	[wıð ðı:z **wə**:dz]
Такое впечатление, что...	**It appears as if...**	[ıt əp**pı**əz əz ıf]
Так-то вот! Вот и всё!	**That's it!**	[**ðæ**tsıt]
Тебе нельзя!	**You are forbidden. You mustn't.**	[ju: a: fɔ:**bı**dn, ju: mʌstnt]
Тебе трудно угодить.	**You are very hard to please.**	[ju: a: **ve**rı ha:d tə **plı**:z]
Тебе что за дело?	**Why do you care?**	[hu: du: ju: **ke**ə]
Тебе это не идёт. (Тебя это не касается!)	**It doesn't match you.**	[ıt dʌznt mætʃ ju:]
тебе это подходит, пойдет	**suitable, will go**	[**sju**:təbl, wıl **go**u]
тем более	**the more so**	[ðə **mɔ**: **so**u];
тип	**character; type**	[**kæ**rəktə]; [**ta**ıp]
Тихо!	**Hush!**	[hʌʃ]
Тихо!	**Quiet!**	[**kwa**ıət]
то есть	**that is to say**	[**ðæ**tız tə **se**ı]
то тут, то там	**here and there**	[**hı**ə ənd **ðe**ə]
тогда	**then**	[ðen]
только	**only**	[**o**unlı]
тоже	**also; too**	[**ɔ:l**sou]; [tu:]

точно в том же положении	**exactly in the same situation**	[ɪ**gzæ**ktlɪ ɪn ðə **se**ɪm sɪtju:**e**ɪʃn]
трата времени	**waste of time**	[**we**ɪst ɔv **ta**ɪm]
Трудно сказать!	**You never know!**	[ju: **ne**və **no**u]
трясётся от страха	**he's trembling with fear**	[hɪ:z **tre**mblɪŋ wɪð **fɪ**ə]
Ты должен знать.	**You should know.**	[ju: ʃud **no**u]
ты (вы) тоже	**you too**	[ju:]
Ты хочешь?	**Do you want?**	[du ju: **wɔ**nt]
Ты это серьёзно?	**Is it serious?**	[ɪz ɪt **sɪ**ərɪəs]
тьма кромешная	**total darkness**	[**to**utəl **da**:knɪs]
тяжёлая ноша	**heavy burden**	[**he**vɪ bə:dn]

У

Убегай!	**Run!**	[rʌn]
увеличивающийся разрыв	**a growing gap**	[əg**ro**uɪŋ gæp]
Увидим, посмотрим.	**We'll see.**	[wɪ:l **sɪ**:]
Увидимся (в пятницу)	**See you (on Friday)**	[sɪ: ju: ɔn **fra**ɪdɪ]
уделить внимание	**to pay attention**	[tə **pe**ɪ ə**te**nʃn]
Ужас!	**Awful!**	[**ɔ**:ful]
ужасный	**awful; terrible**	[**ɔ**:ful]; [**te**rɪbl]
уже давно	**long ago**	[lɔŋ ə**go**u]
Усёк? Порядок? Идёт?	**O.K.?**	[ou**ke**ɪ]
условно	**conditionally**	[kɔn**dɪ**ʃənəlɪ]
успеть	**to make it**	[tə **me**ɪk ɪt]

Х

Хватит! Довольно!	**Enough!**	[ɪ**nʌ**f]
Хватит уже!	**Enough already!**	[ɪ**nʌ**f ɔ:l**re**dɪ]
хорошо	**that's good**	[ðæts **ve**rɪ gud]

Хорошо, что сказал.	**It's good that you said.**	[ıts gud ðæt ju: sed]
хотя (и)	**though**	[**ðə**u]
Хочешь знать, что это?	**Do you want to know what it is?**	[du ju: **wɔ**nt tə **no**u wɔt ıt ız]

Ч

Чего вдруг?	**Why? No why?**	[**wa**ı, **no**u **wa**ı]
Чего ты хочешь?	**What would you like?**	[wɔt wud ju: **la**ık]
Честное слово!	**Believe me!; Honestly! ; Upon my word!**	[bı**lı**:v mı:]; [**ɔ**:nəstlı]; [ʌ**pɔ**n **ma**ı wə:d]
чистосердечно	**frankly**	[**fræ**ŋklı]
чтобы	**in order to...**	[ın **ɔ**:də tu:]
Что значит «так»?	**What do you mean "that's the way it is"?**	[wɔt dju: m:n ðæts ðə **we**ı ıt ız]
Что значит «нельзя»?	**What do you mean forbidden?**	[wɔt dju: mı:n fɔ:**bı**dn]
что касается...	**as for, as to; concerning**	[æz fɔ:, æz tə]; [kən**sə**:nıŋ]
что-то скрывает	**conceals something; He keeps to himself** *(о чувствах)*	[kən**sı**:lz **sʌ**mΘıŋ]; [hı: **kı**:ps tə hım**se**lf]
что-то странное	**something strange**	[**sʌ**mΘıŋ **stre**ınʒ]
чудо	**wonder**	[**wʌ**ndə]
чуточку	**just a bit**	[ʒʌst ə**bı**t]
Чушь!	**Nonsense!**	[**nɔ**nsəns]

Э

это	**this**	[ðıs]
Это всё, что ты можешь сказать?	**That's what you have to say?**	[ðæts wɔt ju: hæv tə **se**ı]

Это всё, что я могу сделать.	**That's all I can do.**	[ðæts **ɔ**:l aı kæn du:]
Это его не трогает.	**He doesn't care.**	[hı: dʌznt **ke**ə]
Это не имеет значения.	**That's not important.**	[ðæts nɔt ım**pɔ**:tənt]
Это не поможет.	**It won't help.**	[ıt **wo**unt help]
Это необходимо.	**It is necessary.**	[ıts **ne**səsərı]
Это ново для меня.	**That's new to me.**	[ðæts **nju**: tə mı:]
Это очень важно.	**That's very important.**	[ðæts **ve**rı ım**pɔ**:tənt]
Это правда?	**Is it right, true?**	[ız ıt **ra**ıt, tru:]
Это правда, что ты...?	**Is it true that you...?**	[ız ıt **tru**: ðæt ju:]
Это тебя не касается.	**It's not your business.**	[ıts nɔt jɔ: **bı**znıs]
Этого достаточно.	**That's enough.**	[ðæts ı**nʌ**f]
Этого не достаточно.	**That's not enough.**	[ðæts nɔt ı**nʌ**f]

Я

Я об этом подумаю.	**I'll think of (about) it.**	[**a**ıl **θ**ıŋk əv (ə**ba**ut) ıt]
Я просто растерялся.	**I was at a loss.**	[**a**ı wɔz ət ə**lɔ**s]
Я устал до смерти.	**I'm exhausted, I'm dead tired.**	[**a**ım ıg**zɔ**:stıd, **a**ım ded **taı**əd]
Я хочу...	**I want...**	[**a**ı **wɔ**nt]
Я хочу, чтобы ты знал...	**I want you to know...**	[**a**ı wɔnt ju: tə **no**u]
Я это проверю.	**I'll check it.**	[**a**ıl (ʧek ıt]
яблоко раздора	**the source of the conflict**	[ðə **sɔ**:s əv ðə **kɔ**nflıkt]

Индексный словарь

В

И

Л

М

Н

П

С

Т

У

Ф

Х

Ц

Ч

www.ingramcontent.com/pod-product-compliance
Ingram Content Group UK Ltd.
Pitfield, Milton Keynes, MK11 3LW, UK
UKHW062253290726
14090UKWH00017B/661
9 781957 676463